游龙八卦连环掌

Youlong Bagua Lianhuanzhang

赵明远 著

河南科学技术出版社
·郑州·

图书在版编目(CIP)数据

游龙八卦连环掌 / 赵明远著. —郑州 : 河南科学技术出版社, 2014.5
ISBN 978-7-5349-6487-9

Ⅰ.①游… Ⅱ.①赵… Ⅲ.①八卦掌—套路(武术) Ⅳ. ①G852.16

中国版本图书馆CIP数据核字(2013)第174090号

游龙八卦连环掌

赵明远 著

出版发行：河南科学技术出版社
地址：郑州市经五路 66 号　　邮编：450002
电话：（0371) 65737028　65788633
网址：www.hnstp.cn
策划编辑：韩雅楠
责任编辑：朱江涛
责任校对：李振方
封面设计：朱 婧
版式设计：溢彩文化
责任印制：张艳芳
印　　刷：河南新华印刷集团有限公司
经　　销：全国新华书店
幅面尺寸：168 mm × 235 mm　　印张：12.25　　字数：150 千字
版　　次：2014 年 5 月第 1 版　　2014 年 5 月第 1 次印刷
定　　价：30.00 元

作 者 简 介

赵明远，1929年生，河南人，安阳市交通局干部，中国武术段位七段，安阳市明远太极拳俱乐部创建人，曾任安阳市太极拳委员会主任、安阳市武术协会常委。先后师从于我国著名武术家沙国政先生和李子鸣先生，学习八卦掌、形意拳、太极拳和通背拳等，得到两位恩师之真传。作者集几十年的苦练、践行、体悟和心得，在书中以易理阴阳转化之道、八卦变易之理讲解拳理，使易理与拳理融为一体。

1986年，作者在河南省太极拳比赛中荣获杨氏太极拳第一名和48式太极拳第一名。

作者还在1993年国家体委武术研究院举办的国际八卦掌联谊会和1995年国家体委武术研究院举办的八卦掌交流比赛中，均获一等奖。

中国著名武术家沙国政先生

沙国政先生与赵明远师徒合影

中国著名武术家李子鸣先生

李子鸣先生与赵明远师徒合影

北京市八卦掌研究会
会长马传旭先生

沙国政枪术

赵明远与国家体育总局武术研究院教授、中国武术九段、中国武术协会秘书长、武术专家委员会首席专家康戈武先生合影

赵明远与云南省沙国政武术馆馆长、云南省武术协会副主席、昆明市武术协会副主席、武当山武术拳法研究会特邀研究员沙俊杰、李斌夫妇合影

赵明远拳照

赵明远与部分弟子合影

自序

中国武术拳法可分为内家拳和外家拳。内家拳主柔而劲蕴于内，如太极拳、八卦掌、形意拳；外家拳主刚而劲显于外，如查拳、华拳、红拳、炮拳及少林拳。我多年研习内家拳，先后师从于我国著名武术家沙国政先生和李子鸣先生，并得到了武术界多位专家、教授的指点。得内家拳之形易，解内家拳之意难，提高武德修养和对内家拳拳理的理解、运用，是探寻内家拳精髓的必由之路。几十载的习武实践，使我对中国传统文化的理解、领悟不断加深，并将之融汇于拳术动作中。两位恩师的悉心教诲和毫无保留的传授，引领我朝着明拳理、精拳技的方向不断前进。为使内家拳得以更好地发扬和传承，我集几十年研习内家拳之实践和体会，自创编撰了游龙八卦连环掌、游龙八卦连环剑等七套内家拳法。我想，将内家拳法编撰刊印成书，是对两位恩师最好的纪念。

一、中国传统文化和哲学思想是传统武术的理论根据，拳理即哲理，学习内家拳必须学习、体悟中国传统文化

《论语》《孟子》《老子》《庄子》和《周易》是中国传统文化经典著作。《论语》的一个中心是“仁者爱人”，通过对社会行为道德规范的遵守来实践“仁”。“己所不欲，勿施于人”“己欲立而立人，己欲达而达人”。“践仁”才是有德性的人。孟子倡导“仁义”，是由“义”来践“仁”，并进一步阐释为“内圣外王”。“我知言，我善养浩然之气”“诚者天之道也，思诚者人之道也”“尽其心者，知其性也。知其性，则知天矣。存其心，养其性，所以事天也”（《孟子·尽心上》）。人通过道德修养和实践，追求“知天”与“事天”，以达到天人合一的境界。老子则用“道”来寓意宇宙万物的演变。他认为“道”是“夫莫之命而常自然”的，“人法地，地法天，天法道，道法自然”；“道”代表着“独立不改，周行而不殆”的永恒绝对的本体意义。《易经》探究生命的道理，“天地之大德曰生”。“易”有三易，一是“变易”，指变化；二是“简易”，即规律性；三是“不易”，指不动，即道。“易”可概括为世间万事万物都是变动的，变动中又有规律，不变的只有道，也就是本体。习武者通过学习传统哲学经典、提高道德修养，追求天人合一，并将对传统哲理文化的理解和领悟用拳术动作表现出来，方能达到习武的最高境界。

1.太极拳

内家拳的拳理可追溯于《周易》。“易有太极，是生两仪，两仪生四象，四象生八卦”“太极者，无极而生，阴阳之母也。动之则分，静之则合，是为太极”。山右王宗岳《太极拳论》进一步发展为“无过不及，随屈就伸，人刚我柔谓之走，我顺人背谓之粘；动急则急应，动缓则缓随。虽变化万端，而理为一贯。由招熟而渐悟懂劲，由懂劲而阶及神明。然非用力之久，不能豁然贯通焉……”，形象地阐释了太极、阴阳变化之理在太极拳运动中的具体运用。由“懂”而“贯通”，在实践中参悟哲学变易之理，从而达到内家拳由形到神的飞跃。

2.八卦掌

八卦分伏羲八卦和文王八卦。伏羲八卦即先天八卦。据《易经·系辞传》记载：古者包羲氏之王天下也，仰则观象于天、俯则观法于地。观鸟兽之文，与地之宜，近取诸身，远取诸物，于是作八卦，以通神明之德，以类万物之情。其卦形乾坤相对，坎离相对，巽震相对，艮兑相对，与《说辞传》“天地定位，山泽通气，雷风相薄，水火不相射”的观点相吻合。天、地、山、泽、雷、风、水、火并非孤立，而是交互影响，互通声息的。以八卦象征天地万物之生生不息和变化无穷。文王八卦为后天八卦，主要象征人事，以八卦来解析社会人生。伏羲八卦图和文王八卦图都使用了八个各个相合的符号代表八种不同的卦象，但是两种八卦图在方位配置上有着明显的差异。前者立足于自然，后者立足于人事；前者着眼于认识宇宙这一本体，后者在于提供阴阳变化的信息。因此，以先天八卦为体，以后天八卦为用，体用结合，来共同揭示自然变迁及社会发展的规律。

八卦掌将上述《易经》哲理作为拳理基础，以八卦的乾、坤、震、艮、离、坎、兑、巽的无穷变化为运动之纲，以天、泽、火、雷、风、水、山、地为拳术之势，以狮、猴、鹞、龙、凤、蛇、鹰、麟八形为其象，以八卦对八掌，以八卦之六十四卦合八卦掌六十四掌之数，使易理与拳理高度融合，形成了顺乎自然而又独特的风格。

3.形意拳

在形意五行拳中，“劈、钻、崩、炮、横”源于五行之金、木、水、火、土。

《太极图·通书》描述其为“阴阳变合而生五行。五行之生，各一其性。劈拳形似斧，性属金；钻拳形似电，性属水；崩拳形似箭，性属木；炮拳形似炮，性属火；横拳形似弹，性属土。”由相生之理来论：劈拳生钻拳，钻拳生崩拳，崩拳生炮拳，炮拳生横拳，横拳生劈拳，万物生于土。由相克之理来论：劈拳克崩拳，崩拳克横拳，横拳克钻拳，钻拳克炮拳，炮拳克劈拳。生克合并，即五行炮拳。

4.辩证思维观

上述古代哲理思想都有一个共同的基础，即辩证思维观。古代哲人对万事万物的认识，始于阴阳两个符号“——”和“— —”。“易”即一阴一阳，三个符号叠加为“八卦”，两卦相配形成六十四卦。宋代哲学家朱熹评价《周易》“阴阳而已”。一阴一阳是矛盾对立的统一，代表了认识万事万物的辩证观。对于传统武术文化的深研，当然需在阴、阳二字上下功夫。如八卦掌的练法是以动为本，动中求变，变中取胜。“变”即阴阳之变。“变化无穷”“变化多端”“神机莫测”是八卦掌的特点。对此“变”的把握，我在教学实践中的体会是知易行难，不但要懂，还要在练中悟。正如陆游所讲“纸上得来终觉浅，绝知此事要躬行”。

5.三才之道、天人合一说

《易经》曰：“立天之道曰阴曰阳”“立地之道曰刚曰柔”“立人之道曰仁曰义”。中国哲学的思考围绕着“天人合一”的思想，“易与天地准，故能弥纶天地之道”（《周易》）。“仁义”之道也就是天地阴阳之道，所谓三才之道的天人同构，即天人合一。老子曰“道大、天大、地大、人大”，将人与天、地、道同等齐观，称四大。孔子以“下学而上达”来说明常人经过持续努力可达至高远。孟子认为“诚者，天之道也。思诚者，人之道也”。道德修养与武技水平达到“诚”而行“仁义”之事者，可谓达到了天人合一的高远境界。

二、虔诚恭敬、潜心体悟、勤学苦练是研习内家拳的必由之路

我有幸拜在中国著名武术家沙国政、李子鸣门下学习八卦掌、形意拳、太极拳，得到了两位老师的真传。两位恩师创立的武学，是他们毕生的心血，是非常宝贵的财富，需要我们潜心研究继承，悟其精髓，发扬光大。《论语》中颜回形容孔子“仰之

弥高，钻之弥坚，瞻之在前，忽焉在后”，也恰当地形容了两位恩师的德高和艺高。李子鸣老师将八卦掌总结为是一种游击战和运动战的打法，极为贴切。沙国政老师创立的八卦连环掌，风格独特，变化无穷，充分体现了八卦掌游击战和运动战结合的特点，达到了孙禄堂《八卦拳学》中所述“形神俱妙与道合真之境”。

为了提高水平，我去昆明向沙老师求教。沙老师和师母让我吃住在他们家里，生活上对我极为照顾。我只有将感激融入到每天的勤学苦练中。后来我又多次请沙老师到安阳来，让其大部分时间住在家里，以便早晚求教。老师和我都是早上四点起床，晚上十二点才休息。老师对我要求很高也很严，只教两遍，不教第三遍。每天早晨教学生时，我仔细揣摩老师的教学方法。沙老师教拳时只说几句话，讲究的是学生“自悟”。他认为“练拳时要无人如有人，用时要有人如无人”“动静缓急，刚柔虚实”。以上要诀，需细细体悟，潜心践行，实践出真知。沙老师对我无话不说，亦师亦友。沙老师曾说：“我教你的都是大学课程。你能学会，我都教你。”言犹在耳，随沙老师学艺的那段时间是我一生中最美好的时光。

习练内家拳，要将阴阳变化之道与人体生理自然之本能充分融合，使身体各部位功能得到全面的锻炼。学有定规，但不能死学，“明规矩而守规矩，脱规矩而合规矩”“钻进去还要能走出来”。用无定法，以变应变，运变自如，运用之妙存乎一心。传统文化的哲理使我心明、脑静，两位恩师的教诲使我眼亮、心宽，我找到了与日月同光、与四时同序的感受。两位恩师都认为我是忠厚诚信之人，悟性又好，都希望我一定要学有所成，一定要把拳术发扬光大。为了报答师恩，也为了给我的弟子留下一份完整的资料，我编写了此书。

著 者

2009年9月8日 于安阳

前言

将自己多年习武所悟编撰成书，以继承、弘扬和发展中华传统武术文化，是我长期以来的愿望。前辈留下的武术文化遗产是他们毕生的心血，是非常宝贵的财富。我们应珍惜、继承，去认真地练，用心地悟。练出精华、悟出道理，久之，就能再生精华，推陈出新，从而达到继承和发展之目的。

我有幸从师于中国著名武术家沙国政先生和李子鸣先生学习八卦掌、形意拳、太极拳和通背拳等，得到两位恩师口传心授。我在几十年的苦练和践行中，体会到八卦掌、形意拳、太极拳和通背拳虽拳名各异，其理则同。我各取其长，融为一体，编写了《游龙八卦连环掌》一书。其理论依据是阴阳转化，五行生克，八卦变易。

本书包括游龙八卦连环掌和器械共七种套路。以沙国政老师之拳法风格为主，融入了李子鸣老师掌法特征，也融入了我多年形成的一些新的拳法风格。游龙八卦连环掌主要体现出八卦掌的龙形、猴相、狮滚、鹰翻，以及滚钻争裹、洒脱自如、灵活多变等独特风格。

著　者

2009年9月8日于安阳

目 录

第一章 游龙八卦连环掌

一、运动特点

游龙八卦连环掌的运动特点可概括为一“走”、二“视”、三“滚”、四“翻”，具体意义如下。

一“走”，即“形如游龙”。游龙八卦掌以动为本，走为先，先练腿功。这就需要周而复始、日复一日地走圆形步、弧形步等。久之，功夫上了身，下盘就会稳健，上盘就会灵活，便能自如地左旋右转、摆步扣步、闪身跨步、抽身倒步，换势变招与人交手，就能动中观敌、动中运变、变中克敌、得心应手。因此，游龙八卦掌行步走转的身形、身法、步法，必须具备“步若蹚泥”“形如游龙”的运动特点。

二“视”，即“眼神若猴”。“视”就是眼神，眼为心之苗，“视”能显示出运动中的内在精神，这种精神必须像猴那样机灵中含着警惕，换句话说，就是要眼明手快。眼看哪里，步自随之、身自转之、手自至之。与人交手要眼观六路，耳听八方，随机应变，要做到眼到、步到、身到、手到。是谓“手、脚齐到方为真”。眼到意到，意到气到，气到劲到，内外合一，瞬间胜人，充分体现出游龙八卦掌在游击战中“眼神若猴”的运动特点。

三“滚”，即“滚钻似狮”。“滚”就是滚身滚臂。狮形八卦掌中有“狮子滚身”“狮子滚球”的动作，要领中有“滚钻争裹”。而“钻”是向前钻的意思，那么“滚”“钻”合用叫“滚里带钻”，是谓螺旋形滚臂亦破亦攻的手法和进攻方法。练游龙八卦掌要求手、眼、身法、步和劲力全面锻炼，只有这样，才能在运掌变化中运变自如，得心应手。换句话说，腰腿好，身法就灵活，步一动，腰一转，就能应付一切。因此，“游龙八卦连环掌”的“滚里带钻”的身法和劲力是“顺人之势，借人之力”螺旋形进攻的有效方法，也是“滚钻似狮”的运动特点。

四“翻”，即“拧翻如鹰”。“翻”就是翻身。十六字诀中“拧翻走转”的“拧”，就是拧身，全身拧成一股绳。拧、翻合用，才能翻转自如。这是把鹰、鹞盘旋空中翻身降落那种灵敏洒脱之势运用到游龙八卦连环掌中的特有身法，即“拧翻如鹰”。

以上运动要以“腰”为全身运动之轴心。拳论云，“心为令、气为旗，神为元帅、‘腰’为躯使”“根在脚，力在腿，主宰于腰，行于手指”。还说：“如有不得机处，要以腰腿求之。”这均表明腰为一身运动之主宰，以腰带动四肢，腰（轴）动，轮转之道理。因此，习游龙八卦掌，必须在腰腿上下工夫，腰腿好，身法就好。有好身法，在演示中才能展现出顺乎自然的游龙八卦连环掌的独特风格来。

二、运动要领

顺项提顶，肘沉肩松，松腰塌胯，实腹畅胸，拧旋走转，
蹬脚摩胫，曲膝蹚泥，脚心涵空，起平落扣，连环纵横，
指分掌凹，背圆肩平，腰如轴立，手似轮行，滚钻争裹，
奇正相生，刚柔虚实，缓急动静，意动生慧，精气神功，
形神兼备，身如游龙，八卦真理，“易”在其中。

三、锻炼方法与步骤

初学游龙八卦连环掌者，应从基础开始，循序渐进，可分为三个步骤：

第一步：步法稳健，动作规范。游龙八卦连环掌的基本功就是周而复始地走圆，练步法和腰腿上的工夫，要认真学，用心练。久之，步法就会稳健，转掌换势，动作随之就规范了。

第二步：上下相随，圆活自然。在第一步基础上再从手、眼、身法、步、劲的密切配合上下工夫，达到眼与手合、手与足合、肘与膝合、肩与胯合，也就是眼到手到、手到足到、足到身到、劲到，做到动作上下相随，圆活自然。

第三步：形神兼备，内外合一。在前两步的基础上做到内外六合，即手与足合、肘与膝合、肩与胯合，谓外三合；心与意合、意与气合、气与力合，此谓内三合。从而达到周身协调，形神兼备，刚柔相济，内外合一的目地。

四、动作名称

1.起势
2.倚马问路
3.叶底藏花
4.青龙出海
5.黄龙探爪（西）
6.青龙滚身（西东偏南）
7.乌龙缠腰
8.锦鸡撒膀（西）
9.脑后摘盔
10.蜀道横云（盖掌，东）
11.玉女探花（西南）
12.狮子团球
13.黑虎偷心（西南）
14.海底寻珠（东偏北）
15.螳螂捕蝉（东）
16.青龙转身
17.旋片两门
18.白蛇缠身
19.腊梅吐蕊
20.猿猴托桃（托天掌）
21.顺势领衣
22.泰山盖顶（连环三掌）
23.脱身化影
24.燕子抄水
25.猿猴蹬枝
26.鹞子翻身
27.雄鹰侧翅
28.迎风掸尘
29.推窗望月
30.金鸡点头
31.猿猴洗脸
32.乌龙倒取水
33.蝴蝶穿花
34.狮子扑球
35.狮子托球
36.白马掀蹄
37.擢挑劈擂
38.猿猴入洞
39.猿猴出洞
40.猿猴叼绳
41.猿猴扒竿
42.猿猴扑人
43.猿猴搬枝
44.拨云见日
45.猛虎拦路
46.闪电霹雷（西）
47.猿猴坠枝
48.托枪打虎（由西向东）
49.风卷残云
50.青龙返首
51.乌龙蟠柱
52.狮子转身
53.大鹏展翅
54.白蛇吐信
55.游龙戏水
56.乌龙摆尾
57.天马行空
58.走马回头
59.黑虎出洞
60.狮子抖翎
61.金蛇蟠柳
62.燕子衔泥
63.金鸡啄水
64.反背擂捶
65.猿猴叼绳
66.麒麟吐书
67.鹞子穿林
68.游龙滚身
69.二龙戏珠
70.大蟒翻身
71.玉女穿梭
72.风轮劈掌
73.脑后摘盔
74.青龙探掌（游龙入海）
75.收势

五、动作图解

1.起势

并步站立，面向南方，两臂于两腿外侧自然下垂，掌心向里，目视前方。（图1.1）

图 1.1

> **自然站立，心静体松，头项正直。**
>
> 要点

2.倚马问路

（1）左足向左开步，与肩同宽；两掌心向前、向两侧前平举，与肩平，两臂屈肘，两掌合按于腹前，掌心向下，指尖相对，目视前方。（图1.2、图1.3）

图 1.2

（2）两掌以腕为轴向两侧画弧，并翻掌心向上、向右前上方伸出，成仰掌，右掌在前与眼平，左掌在后于右肘内侧下方；同时右足向右前方上一步，足尖微扣，目视右掌。（图1.4）

> **松肩沉肘，实腹畅胸，重心微偏左腿。**
>
> 要点

图 1.3

图 1.4

图 1.5

图 1.5 背面

3.叶底藏花

左足向前上一步，足尖内扣，两腿微屈；身向右转，背对圆心，右掌内旋屈肘环抱胸前，掌心向外，小指侧向上。同时，左掌随转身之势向右腋下平穿，掌心向上。（图1.5）

> **头向右转，目视右肘。**
>
> 要点

4.青龙出海

（1）左足尖外展，上身随之左转。左掌从右向前向左挂掌平摆，掌心向上成托掌，高与肩平，掌对圆心；右掌同时随转身从右胸前下沉，弧形向头右上方运摆，掌心向上。目视左掌。（图1.6）

（2）左足向前移步，右足上步向左沿圆行走一圈。

图 1.6

> **两腿屈膝走蹚泥步，起平落扣。**
>
> 要点

5.黄龙探爪（西）

接上动作，走至北方，左足在前时，右足顺圆向前（西）上一大步为弓步，同时右掌下落经右腰侧向前探出，掌心向上，高与肩平。而左掌撑架于头左侧上方，掌心向外，目视右掌。（图1.7）

> **右弓步与右探掌要同时，目光随动作而变化。**
>
> 要点

图 1.7

6.青龙滚身（西东偏南）

（1）右足尖内扣，左足尖外展，身体随之左转，左掌经前向下、向左弧形摆至左膝外侧，手心向内。右掌内旋下落至右膝外侧，手心向内，目视左掌。（图1.8）

（2）不停，摆左足、上右足，足尖内扣，同时身体左转180度，两掌形不变。随转身上右步之势，两掌向头上方两侧摆举，掌心仍相对，目视两掌。（图1.9）

（3）不停，左足顺右足向后退一大步，足尖微扣。右足随之内扣，同时身体左转180度，两掌随步下落，左掌摆至左膝外侧，掌心向内。右掌内旋下落至右膝外侧，掌心向内，目视左掌。（图1.10）

动作要连贯，一气呵成。两掌心一直相对，转一个大立圆，目视两掌。

要点

图 1.8

图 1.9

图 1.10

7.乌龙缠腰

（1）右足向左足前上一步，足尖内扣，同时身左转，右掌随上右步之势向头右后侧托起，掌心向上，指尖向后，而左掌按于右肘下。（图1.11）

（2）不停，左足向右足后倒插步，同时左掌顺势向背后插掌，掌心向外，而右掌撑于头右前上方，掌心向上。（图1.12）

（3）身微右转，左掌由左后向胸前撑掌，掌心向前。而右掌由右上向右背后插掌，掌心向后。（图1.13）

（4）上右步，上左步，向右行步转圆。两掌前后撑掌，走阴阳鱼。

图 1.11

图 1.12

> **左旋右转要走出身法，眼睛随转身两掌的变化而看主掌。**
>
> 要点

8.锦鸡撒膀（西）

接上势向右转圈6~8步，右足在前时，左足在右足前上一步为扣步，同时右转身，左腿屈膝下蹲。右足向右出步为仆步，右掌顺右仆步向右穿出，掌心反向上，左掌收左腰侧，掌心向下，拇指在后。目视右掌。（图1.14）

图 1.13

> **转身仆步上下肢要相随。**
>
> 要点

9.脑后摘盔

（1）接上势。重心前移，身上起，左足向右足前上步为扣步，同时身右转。左掌于右臂下向前穿出，掌心向上。

（2）不停，身继续右转，左掌于脑后向上托起，而右掌随转身之势，收于右胯处，掌心向上，目视右前方。（图1.15）

图 1.14

10.蜀道横云（盖掌，东）

接上势，右足摆步，左足上步。同时身继续右转，左掌由头后向右盖掌，为横掌，掌心斜向下，掌指向右，而右掌收于右腹前，掌心向上，掌指向左。目视左掌。（图1.16）

> **步形为龙形步，重心偏后（右腿），左右掌要有争力，盖掌气势要大。**
>
> 要点

图 1.15

11.玉女探花（西南）

（1）接上势，左足内扣，右足尖外展，身右转。右掌由右腰向右前撩出，拇指向上。（图1.17）

（2）不停，左足向右上步，而左掌随左步向前穿出，虎口向上，拇指内扣。目视左掌。（图1.18）

图 1.16

> **此动作速度要快，动作要敏捷。**
>
> 要点

12.狮子团球

（1）右足向前上步，足尖微扣，同时身微左转，右掌随转身之势向胸前于左掌上穿出，此时，两掌环抱于胸前，右掌在上，掌心向上，左掌在下，掌心向下。（图1.19）

（2）不停，两掌都顺时针转圆，变为抱球状，左上右下，两掌心相对。同时，左腿提膝为右独立步。（图1.20）

图 1.17

> **此动作要轻灵、圆活，眼注视两掌。**
>
> 要点

图 1.18

图 1.19

图 1.20

图 1.21

图 1.22

图 1.23

图 1.24

13.黑虎偷心（西南）

（1）接上动作，左足向右盖步，右足向右开步。同时，右掌向右上摆挂，左掌扶右小臂，掌心向下。

（2）不停，右掌从右上向头前运转摆掌下落，翻掌心向右，向后反撩，掌心向后，掌指向下。同时，右足向后拖步，左足向后缩步。而左掌由胸前向前下插掌，掌指斜向下。（图1.21）

此动作主要是偷心、撩掌，要快速有力，撩掌与拖步要同时，眼先看右掌，后看左掌。身体尽力低。动作的行进方向为西南。

要点

14.海底寻珠（东偏北）

接上动作，左掌由前下向上向前向右画一大弧，再向左下势反掌穿出，掌心反向上。同时，右腿下蹲，左足前移为仆步，右掌收于右腰侧，掌心向下，拇指在后。（图1.22）

15.螳螂捕蝉(东)

（1）接上动作，左掌由左下向前摆掌，同时重心后移，不停，左足尖外展，重心左移，身上起。右足上半步，轻靠于左足内侧。左掌收至左腹侧变为半握拳，而右掌变为剑指，向前穿出，中、食二指分开，手心向下，与眼同高。（图1.23）

（2）不停，上右步，跟左步，同时左掌向前扑掌，掌心斜向下，右掌收于右腰，掌心向下。（图1.24）

此动作主要是掌，要干净、利落，动作要轻灵、稳健，协调完整。

要点

16.青龙转身

（1）接上动作，身体左转，左掌环抱于胸前，掌心向下。右手掌心向上、向左肘下平穿，如叶底藏花。（图1.25）

（2）不停，向右转身，右掌由左臂下向前、向上、向右运摆，至右方时，掌对圆心，而左掌随转身收于右肘下方，掌心向下。（图1.26）

（3）右足活步，左足上步，向右转行一周，目视右掌。

17.旋片两门

（1）接上动作，行步走至右足在前时，右掌由右经前、左、上、右向前片出，掌心向上，掌指向前。（图1.27、图1.28）

（2）左足向右前扣步，右转身，右掌向右挂掌，掌心仍向上，高与眼平，目视右掌。（图1.29）

18.白蛇缠身

接上动作，摆右足，右掌从右上经右胸前向腋下背后插掌，同时向右转身，左足扣步，左掌随右转身置于右胸前。（图1.30）

图 1.25

图 1.25 侧面

图 1.26

图 1.27

图 1.28

图 1.29

图 1.30

图 1.30 背面

19.腊梅吐蕊

不停，摆右步，扣左步，右掌由背插，由后向前运摆，掌心向上，拇指向前于头前上方。左掌顺势向前穿出，身后仰，目视左掌。（图1.31）

> **动作要一气呵成，拧、翻、滚、钻、俯身、仰身，要走出身法来，如龙形和猴象之机灵劲。**
>
> 要点

20.猿猴托桃（托天掌）

（1）接上动作，右掌先外旋后内旋，环抱胸前，掌心向下。同时，右足向左足前绕上一步，足尖微扣，左足向前上一步。（图1.32）

（2）身体左转，两掌随转身上步之势，向身两侧伸出为托掌，掌心向上，略高于肩。左掌对圆心，向左行步转一周，目视左掌。(图1.33)

> **转圈要走蹚泥步，从上势变平托掌可边走边变。**
>
> 要点

图 1.31

图 1.32

图 1.33

21.顺势领衣

（1）接上动作，走至里足（左足）在前时，右足上一步，足尖内扣，面向圆心。同时两掌合抱于腹前，十字交叉。左掌在上，右掌在下，掌心均向上（十字搬搂式）。（图1.34）

（2）不停，左足往左上一步，右足跟进半步，同时左掌向左方挂出，高与肩平，而右掌收于右腹前。目视左掌。（图1.35）

图 1.34

图 1.35

> **左掌向左挂掌，要以身法惯性向左方挂出，发劲要松弹。**
>
> 要点

22.泰山盖顶（连环三掌）

（1）接上动作，右足向左足前上一步，足尖内扣，同时，右掌向左臂下穿出，复向右向后挂掌，身向右后仰。(图1.36)

（2）不停，身左转，右腿独立，左腿提膝，面向西方，右掌由右后向上托起，掌心向上，掌指向左，而左掌收于左腹前，掌心向上。（图1.37）

（3）左足向前落步，同时右掌向前盖掌，右足上步，左掌向前盖掌，右掌再向前盖掌，均为横掌，与头同高，目视前手。（图1.38~图1.40）

图 1.36

图 1.37

图 1.38

图 1.39

图 1.40

独立托掌，身体挺立，要有气势。连环三掌，要走立圆，上下对称。盖掌要有劲力。目视前手。

要点

23.脱身化影

（1）接上动作，左足向左仆步，足尖内扣，身左转，顺势右腿屈蹲，同时左掌由腹前随蹲身仆步之势向左向前画弧绕摆，掌心仍向上，而右掌收至腹。（图1.41）

图 1.41

（2）不停，起身，上右步，足尖外展，上左步，上右步，走弧形步，同时右掌掌心向上，顺行步之势向左臂下向前穿行，掌心向上，高与肩平。左掌置右小臂上，掌心向下。（图1.42）

从左往右走弧形步时，两掌随弧形步边走边穿。

要点

24.燕子抄水

（1）接上动作，上扣左步，同时右掌向右后挂掌复向前画弧。

（2）左腿下蹲，右腿向右仆步下势，同时右掌顺右步穿出，掌心反向上，左掌收至腹前，掌心向下。目视右掌。（图1.43）

图 1.42

图 1.43

图 1.43 背面

25.猿猴蹬枝

接上动作，起身，摆右步，上左步，上右步站稳。左脚向前上撩踢，高与头平。同时，左掌向前上穿出，高与头平。而右掌撑架于头前上方，掌心向上。目视左脚。(图1.44)

图 1.44

> **图1.43、图1.44所示为连续动作，两掌随步，边走边穿，走直行步，从西向东。**
>
> ☯要点

26.鹞子翻身

接上动作，左足向后（西）落步，右足往左足前扣步，左足向西退步，右足为虚步。同时两臂随翻身上步、退步之势抡劈，定势时右掌劈在右虚步前，身微前倾，左掌撩至左后上方。目视右前方。（图1.45~图1.47）

图 1.45

> **翻身在空中转立圆抡劈掌，也可跳起空翻抡劈。**
>
> ☯要点

图 1.46

27.雄鹰侧翅

接上动作，左足向左后跨步闪身，右足收至左足内侧，右掌从前向右下截劈。右足向右后跨步闪身，左足收至右足内侧，而左掌从前向左下截劈。（图1.48、图1.49）

图 1.47

图 1.48

图 1.49

右左截劈、跨步闪身要敏捷、灵活，走出身法。

要点

28.迎风掸尘

接上动作，上左步，两掌向左摆捋掌，上右步，向右摆捋掌。(图1.50、图1.51)

图 1.50

身要活，步要稳，上下肢要与身相随。

要点

29.推窗望月

接上动作，左足往前上一步，足尖外展，右足向左足后插步，身向左拧转。左掌从体前向左上穿靠（左肩靠），而右掌从右向左推掌，掌心向左，掌指向上，目视右掌。（图1.52）

图 1.51

此动作是下身右拧，上身左拧，要有身法。

要点

30.金鸡点头

（1）向右转身，右足摆步，左掌从前随转身之势向右挂掌下压。(图1.53)

图 1.52

图 1.53

（2）左足向前上步，足尖内扣，左掌由后过头向前盖掌，为横掌，掌指向右。（图1.54）

（3）两足不动，右掌由右向前上探掌，而左掌由上向下落按不停。右掌从上向体前下按，而左掌复向右臂内向前、向斜下插掌探出，掌心斜向上。右掌收至左肘下方，掌心向下，掌指向左。同时左腿半屈蹲，右腿提膝，脚面勾于左腿弯处。身微前倾，目视左掌。（图1.55、图1.56）

此动作变化多，要以腰带动四肢，走出身法来。

要点

图 1.54

图 1.55

图 1.56

31.猿猴洗脸

（1）接上动作，右足向后落步，左足向后缩为虚步，同时，右掌变拳向右下沉，左掌由前向上摆举，手心向内，高与头平。（图1.57）

（2）退左步，右掌向脸前掩裹，掌心向内。退右步，左掌由下向上向脸前掩裹，再退左步，右掌向脸前掩裹，眼随手变化。（图1.58~图1.60）

退步掩裹，动作要轻灵，身法要活，眼要有神。

要点

图 1.57

图 1.58

图 1.59

32.乌龙倒取水

接上动作，左掌下落，右掌向上向前画弧，退右步，缩左步，同时右掌下按，左掌变拳上架，拳心向下，与头同高。目视左手。（图1.61）

> **退步、缩步与左拳上架要同时，动作小而巧。**
>
> 要点

图 1.60

33.蝴蝶穿花

（1）不动步，左掌下按，右掌向左小臂上、向右穿挂。同时身向右拧转。（图1.62）

（2）右掌向体前下按，左掌由右臂上向左穿挂，同时向左拧转。（图1.63）

> **此动作腰要活，穿挂要快，眼注视两掌。**
>
> 要点

图 1.61

34.狮子扑球

接上动作，两掌由左向前向右向内画弧平抹，待两掌转至体前时，向前扑出，掌心斜向前，与肩平。同时上左步，跟右步。（图1.64）

> **上下肢要协调，要以腰带动四肢，扑掌要有力。**
>
> 要点

图 1.62

图 1.63

图 1.64

35.狮子托球

右转身，扣左足，摆右足，独立站稳，左腿提膝，同时两掌随转身之势，右掌先撩后撑架于头右侧上方，掌心向外。左掌随提膝向前伸托，高与胸平。目视左掌。（图1.65）

图 1.65

36.白马掀蹄

（1）接上动作，左足向前落步，右腿提起向前撩踢，同时两臂随势变为左架右撩掌。（图1.66）

图 1.66

（2）不停，左足尖向左碾转，右脚向右侧蹬。同时两掌向两侧撑出，掌心均向外，身左倾。目视右脚。（图1.67）

图1.66、图1.67所示为连续动作，托球要有气势，右脚先撩后蹬，与左脚尖碾转要一致。身体平衡要稳。

要点

37.擢挑劈擂

（1）接上动作，落右步，左足向右足后插步，同时，左掌从左向右肩前推出，掌心向右，右掌向左下插掌。（图1.68）

（2）右足向右侧上步为侧弓步，同时，右掌变勾手向右挑出，与肩平，勾尖向下，左掌向左削出。（图1.69）

图 1.67

图 1.68

图 1.69

图 1.70

（3）右掌复向左下斜劈，掌心斜向上，左掌扶右小臂上，同时重心移左腿。（图1.70）

（4）身右转，右足内扣，同时，右掌变拳由左向右反背擂捶，拳心与眼相平。左掌变拳收身体左侧，拳心向下。（图1.71）

四动作要连贯，上下肢要协调。

要点

图 1.71

38.猿猴入洞

接上动作，左臂由左后向上向前抡摆，右臂由前向右后上摆动，不停，上左步，右足尖点地并贴于左足内侧，同时右拳由后上向前下栽拳，拳面向下，左掌扶右上臂，身前倾，半蹲。目视右拳。（图1.72）

图 1.72

39.猿猴出洞

接上动作不停，左足蹬地跳起，空中转身180度，左足先落地在后，右足后落地在前，同时左掌随空转向左前探出，右掌收于腹部右侧。两掌变猴爪。（图1.73、图1.74）

40.猿猴叼绳

动作不停，左足向后拖步，右足向后缩步，足尖点地。同时两掌顺势各画一个立圆，回原状。(图1.75)

图 1.73

图 1.74

图 1.75

41.猿猴扒竿

（1）右足向前上半步，同时右掌向前弧形探出。（图1.76）

（2）左足向前上步，右掌收回，左掌弧形探出。（图1.77）

（3）左足蹬地右足跳起，同时两掌随跳步空中各画个小立圆，右掌收回，左掌探出。（图1.78）

图 1.76

42.猿猴扑人

接上动作，左足落地，右足在左足前落地，两掌向前扑打，左掌在后，右掌在前，掌心向前，与肩平。目视右掌。（图1.79）

图 1.77

> **图1.75~图1.79所示为连续动作，要一气呵成，掌为猴形掌，掌指微屈。猴入洞变出洞，两臂动作的变化要在空中完成。猴扒杆、扑人要快。跳步和两掌变化要协调完整，整体动作要有速度，要灵巧、柔活。**
>
> 要点

图 1.78

43.猿猴搬枝

右足尖外展，身向右拧转，屈膝下蹲为半坐盘。左手变掌心向上，经右臂下穿出向左前方伸托，掌心仍向上，与肩平。而右掌由前经左向右上方托起，于头右侧，掌心向上。目视左掌。（图1.80）

图 1.79

图 1.80

图 1.81

拧身半坐盘与两掌上托要协调。

要点

44.拨云见日

（1）起身，右手翻掌心向上，左手翻掌心向下。左上右下，在体前逆时针平抹两个圈，同时，左足向前（东北）上一步。（图1.81、图1.82）

（2）右足向前上一大步，同时，右掌变拳从右腰侧向前探出，拳心向右，拇指向下，左掌扶右上臂，掌心向右。（图1.83）

图 1.82

抹掌与上左步要同时，是一步两圈，动作要柔活，右拳探打要松肩、臂，放长击远，力达拳面。

要点

45.猛虎拦路

（1）接上动作，右足向右前绕步，足尖外展，右拳由前向左臂外往左向上、向右滚臂摔出，拳心向上，而左掌由前向下向右画弧至左方，掌心向左。（图1.84）

（2）左足向右足前上步，左掌由左向上向前画弧，右拳由右前向腹前画弧，此时，左上右下、右里左外，环抱胸前。右足向前上步，足尖外展，同时右拳由左臂里向上向右前摔出，拳心向上，力在拳背，高与眼平。左掌按于左腰上方，掌心向下。然后，上左步，上右步，两臂交替在胸前画立圆，摔右拳，走弧形步。（图1.85、图1.86）

图 1.83

图 1.83 背面

右滚臂摔拳与弧形步要协调合拍，行步是东北向南向西，走几步不拘。两臂在体前交替走立圆。手眼、身法、行步要协调，形神要合一。

要点

图 1.84

图 1.85

图 1.86

46.闪电霹雷(西)

（1）接上动作，左足在前时蹬地，右足跳起，同时右转身，右掌在空中向前摔出，掌心向上，力在掌背。左掌从里向上前拍打，掌心向下，力在掌沿。（图1.87）

（2）右足落地不停，身左转，右足蹬地跳起，左掌在体前下落，右掌由后上向前劈掌，力在掌沿，左掌与右掌劈击有声，左掌拍打右上臂，右掌拍右大腿。同时，两足落地是右前左后。(图1.88)

（3）不停，再向前击步，右掌再劈掌，左掌迎击，与肩平。目视右掌。（图1.89）

第一个摔拍在跳步空中完成，第二个跳步、两臂拍打与足落地同时完成，要快速有力。

要点

图 1.87

图 1.88

图 1.89

图 1.90

47.猿猴坠枝

接上动作，右掌由前上先内旋后外旋，刁拿回带至体前，同时右足向后撤一大步，身下蹲，左足收于右足内侧，脚前掌撑地。左臂屈肘，顺压，拳心向上，于腹前，右掌扶左小臂外。目视左肘。（图1.90、图1.91）

右掌刁拿回带与右足后撤要同时，左压肘与丁步要顺势。

要点

图 1.91

48.托枪打虎(由西向东)

（1）接上动作，左足向左前上步，足尖外展。同时，左掌先内旋后外旋，刁拿握拳。右足向左足前上步，足尖内扣，同时右掌变拳，向右前屈肘横压。(图1.92）

（2）重心左移，右足内扣，同时，两手变八字掌，抱于胸前，右掌在上，掌心向下，左掌在下，掌心向上。（图1.93）

（3）重心移于右足站稳为独立步，左腿提膝，同时，右肘向后顶击，左掌于右臂下向前穿出，掌心向上，眼先向后看右肘，后向前看左掌。（图1.94）

此动作为两个肘法：一个是横压肘，一个是后顶肘。顶肘和提膝的一瞬间，眼要有神，动作要干脆利落。

要点

图 1.92

图 1.93

图 1.94

49.风卷残云

（1）接上动作，左足往前方落步，右足向左足前上步，足尖外展。同时，左掌顺左步由前向左向前云抹，掌心向下，而右掌顺势向左臂上向右穿挂，右掌在前，左掌收于右臂内侧下方，不停。（图1.95）

图 1.95

（2）左足向前上步，右足向右前上步，左足向右足前上一步为虚步，同时，两掌顺势向头前上逆时针交替、云一个平圆后，右掌撑架于头右侧，掌心向外，左掌向前砍出，掌心向上，与肩平。目视左掌。（图1.96）

图 1.96

从西向北、东、南走弧形步，约走五步，两掌随步边走边穿边云，定势为右架左砍掌。

要点

50.青龙返首

接上动作，左足由前向左上步，足尖微内扣。同时，左掌从前向左横推，掌心向外，拇指侧向下，与肩平，而右足微扣，右掌翻掌心向上，收于右腹前。目视左掌。（图 1.97）

图 1.97

步形为平马步，下盘要稳，左掌横推劲整有力。

要点

51.乌龙蟠柱

（1）接上动作，左足外展，左掌向左上方挂掌，手心向斜上。（图1.98）

图 1.98

（2）上右足，足尖内扣，右掌由后向上过头向前盖掌，为横掌，掌指向左，左掌回带。（图1.99）

（3）不停。右掌按于胸前仍为横掌，左掌由

图 1.99

左向前上探出，高于头，掌心斜向下，指微屈。（图1.100）

（4）不停。左足外摆，左掌收回向背后插掌，而右掌收于腹前，掌心向上，身体左拧为半坐盘势。目视左后方。（图1.101）

挂掌、盖掌、探爪要连贯，坐盘拧身要轻灵、稳健。

☯要点

图 1.100

52.狮子转身

接上动作，身微起，右足向前扣步，左掌由背后向上拧钻翻掌（由掌心反向外翻为掌心向后），同时，右掌顺左臂向上穿，向右云挂上托于头前上方，掌指向左。而左掌收于胸前，掌心向上。（图1.102、图1.103）

身体左右翻转、滚钻，要以腰带动四肢，走出身法。

☯要点

图 1.101

53.大鹏展翅

接上动作，左掌由腹前向左后拧臂翻掌，向左侧平托，而右掌由上顺右肋滚臂、翻掌，向右侧托出，同时，右足向右前移半步，向右转圆行步约一周，目视右掌。（图1.104）

图 1.102

图 1.103

图 1.104

> **两掌心均向上，与肩平。右掌指对圆心，行步要稳，走蹚泥步。**
>
> 要点

54.白蛇吐信

（1）行步至西方时，摆右足，左掌向右肋掖掌，右掌向上云挂至头前上方，掌心仍向上，掌指向左方。（图1.105）

图 1.105

（2）左足向前上扣步，左掌经胸前向上斜穿，掌心向上，于头前方，同时身后仰，看左掌。（图1.106）

图 1.106

> **右掌向右后插掌要俯身，云至头上方时要仰身，云掌、穿掌要协调。**
>
> 要点

55.游龙戏水

（1）接上动作，右掌不停由头前上方继续云片复向右向前弧形云抹，掌心向下，与腹平。同时，右足经右向前绕上一步，足尖内扣。不停，左足顺右足向前上步，左掌向右臂下向前平穿，右足再上一步，左掌继续向前穿，掌心向上。(图1.107）

图 1.107

（2）左足向左前绕上一步，足尖内扣，左掌经左肋向前绕摆，掌心向下，右足向左足前上一步，右掌向左臂下穿出，掌心向上，左足再上一步，右掌继续穿行。（图1.108）

（3）右足向右前绕上一步，右掌经肋向前绕摆，掌心向下，左足向右足前上一步，左掌向臂右下穿出，掌心向上，右足再上一步，左掌继续前穿。（图1.109）

图 1.108

图 1.109

图 1.110

右、左、右、云、抹、穿掌动作都一样，左右而已，定势时都是右足在前，左掌在前，或左足在前，右掌在前。磨掌掌心向下，穿掌掌心向上。行步穿掌要走出行如游龙之美姿来。行步穿掌的路线是由西经南至东北，再到东南。

要点

56.乌龙摆尾

（1）接上动作，左足在前时，右足向后（西偏北）退一步，同时右掌由前向右腋下磨肋向后穿掌，掌心反向上。（图1.110）

（2）左足向右足后插步，左掌向左腋下磨肋向左穿掌，掌心反向，定势是两掌心均向后，与肩平，眼看后手。再重复做一至二次。（图1.111）

图 1.111

退步、插步与左右磨肋穿掌要同时，要以腰为轴，带动四肢，全身如游龙摇头摆尾。

要点

57.天马行空

（1）接上动作，右足向前上步，足尖外摆，同时左转身，左掌翻掌心向上，向里勾挂。左足上步，足尖内扣，同时右掌运摆于头右方，掌心向上。（图1.112、图1.113）

（2）上左步，上右步，向左行步转圆，而左掌随行步边走边向背后插掌，右掌由右前上方随行步边走边向左腋下插掌。（图1.114）

图 1.112

图 1.113

图 1.114

58.走马回头

（1）接上动作，左掌随行步向前方（南）拧身滚臂、钻翻至掌心向上时，右掌顺势向左臂下穿出。（图1.115）

（2）走至南方时，右足向右摆步，左足向右绕扣一步，同时两掌随步在头前方从前向右向后左云抹，至右掌托架于头右上方，掌心向上，左掌由右肩前向左托出与肩平。向右倒行步迈进约半圆。目视左掌。（图1.116）

图 1.115

图 1.116

图1.115、图1.116所示两动作紧密相连，先向左行步背插，要走出滚钻劲，后向右倒步向右行步，换变处要体现出金蝉脱壳之机灵。

要点

59.黑虎出洞

（1）接上动作，向右倒行步，约走半圆，至面向北。右足在前时，左足向北上一大步，足尖内扣，向右转身向南，右足收于左足内侧，两掌随转身之势收于腹前。（图1.117）

（2）右足向前（南）上步，左足跟步，同时，两掌分别从右上、左下、右前、左后向前推出。右掌指向前上，左掌指向斜下。目视前方。（图1.118）

图 1.117

图 1.118

转身、回头要猛，发劲要有猛虎之势。

要点

60.狮子抖翎

接上动作，左足向后微撤站稳，右腿提膝，同时，右掌、右臂向前抖动发力，掌心向上，掌指向前。左掌向后撑出，掌心向后，掌指向下。（图1.119，此动作是沙国政老师的特有动作，要全身放松才能抖出味道来）

图 1.119

61.金蛇蟠柳

接上动作，右足在左足前下落回扣，向左转身，摆左足、扣右足，就地转一小圈。两掌、两臂随势转身，摆扣步，边走边向左后拧身背插，左掌插至左背后，掌心向后。右掌在前插左腋前，掌心向下。目视左后方。（图1.120）

全身拧成一体，越拧越低，如金蛇蟠卧之状。

要点

图 1.120

62.燕子衔泥

（1）接上动作，起身，左足向右绕扣一大步，两足碾转，右足向右后退一步，同时，两掌顺转身之惯性，在头上方向右、向后、向左再向右云抹。（图1.121、图1.122）

（2）右掌随云掌再内旋翻掌心向后变为勾手，指尖向后，与眼平。左掌摆至右肩前，掌心向前，同时，身半蹲，微前倾，重心偏前，右足为半侧跪步。足掌里侧触地。目视右勾手。（图1.123）

身体拧转360度，云掌时身后仰，要以腰带动四肢，云抹幅度要大，重心要稳，定势尽力低，右勾手为四指并拢，指根节弯曲，拇指内拢。

要点

图 1.121

图 1.122

图 1.123

63.金鸡啄水

接上动作，左掌向左撩摆，掌心向内，右掌由右向左撩出，掌心向前，左掌扶右小臂。同时，左足向左前移半步，右足跟步。（图1.124）

图 1.124

64.反背擂捶

接上动作，右足向后撤步，足尖外摆，左足向右足前上一大步，足尖内扣，右足再向后退一步，共转体360度为平马步，面向东南。两臂随转身之势在胸前交叉，左上右下。右拳向右擂出，力在拳背，与肩平，为平侧马步，左拳收至右腹上部，拳心向里。目视右拳。（图1.125）

图 1.125

63、64两动作要发内劲，动作要顺惯性。右拳擂出力在拳背，面向东南，右拳向西南。

要点

65.猿猴叼绳

接上动作，起身，体右转，左足微向后退步，右足缩步为虚步。同时，右拳变猴形掌，收于右胯处，左拳变猴形掌，向前探出。（图1.126）

图 1.126

动作要灵敏，眼要有神气。

要点

66.麒麟吐书

接上动作，右足前移，右掌前伸，左足上步，左掌微前伸。右足上步站稳，左腿提膝，右掌由左臂下向斜上穿出，掌心向左高于头，左掌于右肘下方。目视右掌。（图1.127）

图 1.127

上步探掌要轻柔，独立穿掌要有气势，方向为西南方。

要点

图 1.128

67.鹞子穿林

接上动作，左足向左落步，右足向左足前上步，走四到六步，为侧行步。同时，左掌随步边走边撩，右掌随步边走边穿，至右步在前时，右掌穿出，掌心向上，左掌收于右肩前，掌心向前。目视右掌。（图1.128、图1.129）

> **此动作为侧行步穿掌，边走边穿，侧行变换要协调，要走出形如游龙之象。方向是从西南向东北。**
>
> 要点

图 1.129

68.游龙滚身

（1）接上动作，右足扣步，左足向右足内侧收步，身由右向后向左滚翻，身向左倾，头向右转。同时两掌随滚翻之势由右向头前上、向左翻掌，再向右云摆，右掌在右，掌心向外。左掌掌心向上，于右肩前。（图1.130）

图 1.130

（2）身复向左拧旋、翻转，左足向后跨步，右足收于左足内侧，上右步，上左步，向西南方走弧形步。同时随翻转之势，两掌心均向上向侧前托出，与肩平。目视右掌。（图1.131）

> **此动作主要是滚、翻、拧、旋、走、转，全身滚为一体。拧旋为S形，有春风卷柳之象。**
>
> 要点

图 1.131

69.二龙戏珠

接上动作，约行五步。右足在前时，右掌在头前上方，向右向前云片，掌心向上，掌指向前，与眼平。再上左步，左掌由左向头前上方云摆，掌心向下。再上右步，右掌顺势由左臂下穿出，掌心斜向上，左掌扶于右肘弯处。目视右掌。（图1.132）

此动作边走边变，上步与云片要合拍，上下协调，眼随掌变。

要点

图 1.132

70.大蟒翻身

（1）接上动作，左足向左（东）上半步，足尖外摆，身体左转，同时左掌向左撩出，掌心向后，高与肩平。右足向左足前（东）上步，为弓步，同时右掌顺右足向前穿掌探出，掌心斜向上，掌指斜向下，左掌收于右臂上，掌心向外，掌指向右。（图1.133）

图 1.133

（2）不停，重心后移于左腿，右足足尖内扣，身体从右向左滚翻，左掌顺滚翻劲，由右经头前向左滚臂运摆。此时，右足站稳独立，左腿提膝，左掌从头前经左向前旋片，掌心向上，掌指向前，高与眼平。右掌顺势内旋翻掌心向后，掌指斜向下，于右后方。目视左掌。（图1.134）

图 1.134

此动作主要是滚翻劲，两掌要随身体之拧翻而滚臂旋掌。全身要协调完整，定势时要有气魄。

要点

71.玉女穿梭

接上动作，左足向后落步，右足向左足前上步，左足跟步，身向左后转，两掌随身体之转动。左掌向左肋反插，摆掌至左侧，掌心向下。右掌从右经腹前向左臂下穿出并向右前挑掌，掌心向里，高与头平。而左掌向前推掌，掌心向前，掌指向上，与胸平。目视左掌。（图1.135）

图 1.135

此动作要连贯、协调，推掌可发劲。

要点

图 1.136

72.风轮劈掌

身左转，左足外摆，左掌从前向左劈掌，右掌由前上向左臂内下插，向右摆掌，上右步。右掌从右经上向左前劈打，并与左掌合交于腹前，右掌在外，掌心均向内。左足向右足后插步，两掌经体前向两侧劈掌，掌心向外。目视右掌。（图1.136~图1.138）

> **连环劈掌幅度要大，有速度，有神气，三劈掌要连贯，姿态要优美、大方。**
>
> ☯要点

图 1.137

73.脑后摘盔

接上动作，两足碾地，向左旋转，再摆左足。右足向北方上一步，足尖内扣。两掌随转动之势，左掌向背后插掌，再向左旋腕平抹，掌心向下。右掌在上右足时从左臂下向右向后挂掌，至头后方时，向上托起，掌指向左，高于头，左掌收于右腹前，掌心向上，掌指向右，目视右后上方。（图1.139）

图 1.138

> **左右旋转与左背插、右挂掌要紧密连接，周身协调。**
>
> ☯要点

74.青龙探掌（游龙入海）

（1）接上动作，身下沉，身向右拧转，右足向内碾转，左足向前出步，左掌磨肋向前扣按。（图1.140）

（2）身继续向左拧转，右足向前上一步，右掌向头前下按，经右腰向前直穿为立掌，掌心向左，与肩平。（图1.141）

（3）不停，右掌向右推掌，左掌推至右胸前，两掌心均向右。（图1.142）

图 1.139

图 1.140

图 1.141

图 1.142

此动作要与上动作紧密相接，周身要协调，劲力完整，内外合一。

要点

75.收势

（1）两掌从右向前平摆，掌心向下，与肩同高同宽。（图1.143）

（2）右足撤半步为开立步，两掌下落于两腿外侧，掌心向内。（图1.144）

（3）左足与右足并步，目视前方，面向南。（图1.145）

图 1.143

图 1.144

图 1.145

第二章

游龙八卦连环剑

一、动作名称

1.预备势
2.仙人指路
3.叶底藏花
4.鸿雁出群
5.怀中抱月（仙童抱剑）
6.蛰龙出现
7.黄龙探爪
8.猿猴托桃
9.乌云罩顶
10.青龙缠身
11.白蛇入洞
12.脱身化影
13.马后挥鞭
14.鹞子入林
15.青龙滚身
16.回头斩将
17.顺风摆柳
18.懒龙旋涡
19.天边扫月
20.青龙飞空
21.天边摘月（猿猴蹬枝）
22.海底寻珠
23.青龙翻身（大蟒翻身）
24.青龙反首
25.旋片两门
26.狮子摇头
27.湘子追魂（流星追月）
28.金蛇伏地
29.回身取宝
30.青龙滚身
31.斜摘金花
32.青龙探海
33.乌龙翻江（大8字）
34.游龙戏水（立圆小8字）
35.马前斩草
36.清风穿堂
37.左右挂花
38.青龙翻身
39.踏雪寻梅
40.金花落地
41.仙童扫雪
42.乌龙缠腰
43.白蛇吐信
44.青龙转身
45.走马回头
46.黑虎出洞
47.狮子抖翎
48.风轮劈剑
49.青龙入海
50.仙人归山

二、动作图解

1. 预备势

面向南方，并步站立，两脚尖向前，身体正直。左手反握剑柄，剑身直贴左小臂后侧，剑尖朝上；两臂自然下垂于身体两侧，右手握成剑指。目平视前方。（图2.1）

2. 仙人指路

右手剑指外旋，翻手心向上,臂向前方举伸，同时身向左微转。目视剑指。（图2.2）

3. 叶底藏花

上身动作不停，身右转，右剑指内旋、翻手心向下，并向右画弧至身体右侧翻手心向上。身体左转180度，摆左脚，上扣右脚，为倒八字步，面向北方；同时左手握剑环抱左胸前，手心向下；而右手随转身之势，翻手心向上、平穿左腋下。头左转，目视左肘。（图2.3）

图 2.1

图 2.2

图 2.3 背面

4. 鸿雁出群

两脚不动，上身右转，右手从左肘下向右上外旋翻转。随转身之势，手心翻向外成剑指向上，面对圈心；而左手握剑落在身体左侧，剑尖仍向上。头向右转。目视剑指，向右转行一圈。（图2.4）

5. 怀中抱月（仙童抱剑）

承上势走至北方右足在前时，上左步，脚尖内扣。同时左手握剑，由左向前上、向右、向头上平云剑一圈，当手心向上落于体前时，右剑指变掌顺势落于左手上接握剑。（图2.5）

6. 蛰龙出现

右脚向右上一大步。左脚不变，两脚屈膝成马步；同时右手持剑经左向右下方截出，剑尖略低于膝；左剑指随之经下向左上方撑架；目视剑尖。（图2.6）

> **下截剑为平马步，上右步要平稳，下截剑要有内劲。**
>
> 要点

图 2.3

图 2.4

图 2.5

图 2.6

7. 黄龙探爪

（1）身体左转，右脚微收，右手握剑向左后穿挂。

（2）不停，右脚前移，独立站稳，左腿提起，脚尖下垂；同时剑由左向上、向右前抡举劈点。左剑指摆举左后上方，手心向外。目视剑尖。（图2.7）

8. 猿猴托桃

身体左转，左脚向左后落步，右脚向左脚前上步，脚尖微扣；同时左手剑指下落向肋向外向里画一小弧后摆举左后方，微高于肩，而右手握剑由右经体前下落向左腋下平穿向右托出，剑尖指向圈心，高与肩平，向右沿圈线行步，走转一周。目视前方。（图2.8）

9. 乌云罩顶

接上势，走至北方右脚在前时，脚尖外摆，左脚上扣步，身体右转；同时右手握剑在摆右脚时，剑摆举于头前，左剑指扶右小臂，手心向上。扣左步时右剑随转身之势在头上方由前向右后向左平云一周，而左剑指在扣左脚时向左背后拧插，此时右手在右上方，左手在左下，全身向右转向左拧身。双目平视右方。（图2.9）

图 2.7

图 2.8

图 2.9

10. 青龙缠身

上动作不停，右转身，摆扣步两次，身转至东方时两手随身转动之势缠身，右手画弧下落至腰侧，左手画弧于左前方。目视右下方。(图2.10）

11. 白蛇入洞

上动作不停，向左 (东)上右步，上左步；右手持剑立剑刺出，左手扶右手腕，高与腹平。目视剑尖。（图2.11）

图2.9～图2.11所示动作要一气呵成。

要点

图 2.10

12. 脱身化影

接上势，左脚里扣；右手剑速由前逆时针画一立圆并向左腿外劈出，左手仍扶右手腕。目视剑尖；同时，两腿屈扭下蹲，向右行步带剑，再上右步，上左步，目视剑尖。（图2.12）

图 2.11

图 2.12

13. 马后挥鞭

上动作不停，上右步；剑由左经上向右后劈剑，左剑指先向右摆再撩于左前方；眼向右后看剑。（图 2.13）

14. 鹞子入林

上动作不停，先上左步后上右步。上左步时，剑由右后收于腰间，左手内旋翻，手心向下，向左前方直臂伸出。上右步时，右手剑随行步穿行，行至右脚在前时，剑直臂穿出，手心向上，身后仰；左手收于右肩前。方向西偏南穿行，目视剑尖。（图 2.14、图 2.15）

> **此动作是侧行步，边走边穿，约走四步。图2.12～图2.15所示动作共走八步。目视剑尖。**
>
> 要点

15. 青龙滚身

上动作不停，右脚尖里扣，左脚极力外摆，右脚内扣，左脚外摆；右手剑尖方向不变。右臂屈肘由右后经头上落于体前，左手裹于右腋下。此四步摆扣为大摆、大扣，步幅小，就地转360度。目视剑。（图2.16）

> **图2.12～图2.17所示动作为一组合，要一气呵成。**
>
> 要点

16. 回头斩将

接上动作，右脚向前活步直立，左腿提膝，脚尖下垂；右手持剑向右斩

图 2.13

图 2.14

图 2.15

图 2.16

出，手心向下，高与肩平；左手剑指置于左后上方，身微右倾，头右转看剑。（图2.17）

图 2.17

17. 顺风摆柳

接上势，体左转，左脚向左落步，右脚向左前上步，左脚向右脚里侧呈丁步；右手持剑由右随行步之势向体右侧摆动三下，左剑指置左侧方，目随剑动。（图2.18）

此势行步与摆剑要同时，动作要轻柔。

要点

18. 懒龙旋窝

上动作不停，左脚丁步不停向右后退步，右脚向后退步，双脚并拢，左脚尖点地；右手持剑由右经体前向左肩外绕劈再提于体前，左剑抬按于右腕，眼看剑。（图 2.19）

图 2.18

图 2.19

图 2.19 背

19. 天边扫月

上动作不停，左脚向右脚里收拢；右手持剑由体前向右后上方扫劈。目视剑尖。（图 2.20）

图 2.20

> **图2.16～2.20所示为连续动作，要一气呵成。**
>
> ☯要点

20. 青龙飞空

上动作不停，左脚向左前上步，右脚上步，重复上两步；左剑指向左前伸出，右手持剑向前穿行。行至右脚在前时，扣左步，摆右步再上左步；两手向前交叉再分向两侧，此动作共七步。（图2.19～图2.23）

图 2.21

21. 天边摘月（猿猴蹬枝）

上动作不停，右腿提膝，脚尖向前上点出，右手持剑由脸前向右向前片出，手心向上，剑尖略高于头，左手扶右小臂。目视剑尖。（图 2.24）

22. 海底寻珠

上动作不停，右脚向后落步为仆步，左腿下蹲；右手持剑手心反向上，顺右腿上穿出，左剑指收于左腰。面向北方。目视剑尖。（图 2.25）

图 2.22

图 2.23

图 2.24

图 2.25

图 2.25 背面

23. 青龙翻身（大蟒翻身）

上动作不停，体右转，上扣左步，身后仰。身往右后翻转，右腿提膝于体前；右手持剑由上向右、向前片出，手心向上，左手摆于左后方。眼看剑。（图 2.26）

> **图2.21～图2.26所示动作为一组合，要一气呵成。**
>
> 要点

24. 青龙反首

（1）身右转，右脚向右后落步，左脚收于右脚内侧为虚丁步；右手持剑向身右侧收落，左剑指收于体前，手心向下。目视剑尖。

（2）不停，体向左拧转，左脚向前上步，脚尖内扣为虚步；同时右手持剑由右经头前上向左穿去，手背离头二三寸，左手剑指向右腋下伸去，身向左拧转。眼视剑尖，向左行步，走转一周。（图 2.27、图 2.28）

图 2.26

图 2.27

图 2.28

25. 旋片两门

（1）接上势，当走至北方时，左脚向左前方上步，右手持剑翻手心向上、从右向左片去，左手扶右手腕。

（2）右脚向右跨步，左腿提膝为右独立步，右手持剑翻手心向下，并从左向右片去，高与肩平。左手平伸左方，手心向外。目视剑。（图2.29、图2.30）

图 2.29

图 2.30

26. 狮子摇头

（1）身体向左后转180度，左脚向左落步，右脚向右上一大步，脚尖内扣；同时左手剑指向左后背插，再向左翻手心、向下收于左胸前。右手持剑随转体由右向左腋下平穿。

（2）又复向右上方摆挂，手心向上，左手剑指随势扶于右臂上，手心向下，眼看剑。（图2.31、图2.32）

27. 湘子追魂（流星追月）

重心移右脚，体微右转，再微左转，上左步，上右步，向左转行四至六步，约一大半圆圈。右手持剑，随行步由右上经体前向左弧形穿出至终点时，剑与头同高，眼看剑尖。（图2.33、图2.34）

图 2.31

图 2.32

28. 金蛇伏地

接上动作，行至右脚在前时，右手持剑腕花。不停，左脚上步，体右转，右脚向后为仆步，同时右手持剑，随步顺贴右腿上穿出。手心反向上，左剑指落于左腰侧，手心向下，目视剑尖。（图2.35）

29. 回身取宝

接上势，起身，体右转，上左步，右手剑收于右肩上，剑尖向后。不停，右脚蹬出，剑向后方刺出，高与头平，同时左剑指随右蹬脚向前指出，手心向上，高与腰齐，眼看右后方。（图 2.36）

蹬脚刺剑要同时。身要尽力后仰，保持平衡。

要点

图 2.33

图 2.34

图 2.35

图 2.36

图 2.37

图 2.38

30. 青龙滚身

右脚向右后方落步为摆步，左脚扣步，右脚摆步，左脚扣步，身随摆扣步滚一小圈。右手剑尖方向不变，眼看剑尖，左手剑指插入右腋下随身转动；右脚上步为弓步，右手立剑劈出，与肩平。同时，左剑指落于左后方，手心向外，目视剑。（图2.37、图2.38）

31. 斜摘金花

接上势，上右步跟左步击步两次，同时右手持剑先向里腕花点击，后向外顺腕花点击。（图2.39、图2.40）

图 2.39

此动作为连击剑，要快，眼要看剑，左手在右手腕花时扶右臂。

☯要点

32. 青龙探海

体左转180度，扣右步，左剑指随左翻身由右向上、向左、向下再向左后亮出，手心向上；右手握剑随翻身由右上向前斜下劈出，与胸平；同时左腿提膝，脚尖下垂，为右独立步。（图2.41）

图 2.40

33. 乌龙翻江（大8字）

（1）接上势，左脚向左前落步，左剑指先手心向上、后向下画一小平弧；右脚上步，右手持

图 2.41 背面

图 2.41

图 2.42

图 2.43

图 2.44

剑向左小臂下弧形穿出，由左向前、向右行步。

（2）至右前方时，身体向左拧转，右手随左拧身剑至头右上方，反手心向上，剑尖向左，同时左手随行步向背后插掌。

（3）行步向左摆扣步，至中间8字交叉处开始变为向右行步穿剑。行至右交叉处为一大8字。（8字）（图2.42～图2.44）

> **此8字要随摆扣步拧身，剑随拧身边走边变，要走出身法来。**
>
> 要点

34. 游龙戏水（立圆小 8 字）

（1）左脚扣步；同时右手握剑在头上平云，再摆右步扣左步，而剑从头前变为从右向下、向左上的挂剑。

（2）再右转摆右步，扣左步，剑随身变为从左向下、向右上的挂剑。

（3）此时随身拧转变为左转。而步变为扣右步，摆左步，剑从右向上经头前向左下挂剑。（图2.45～图2.50）

图 2.45

图 2.46

图 2.47

图 2.48

图 2.49

图 2.50

摆扣要大，步幅要小，左手要随右手的变化而变化，要做到剑随身走，身随步转，步随剑换。

要点

35. 马前斩草

上动作不停，扣右步，左脚往前（南）上步，右脚上步，左腿半跪步，不着地。右手持剑和左剑指于脸前会合。向脸上刮剑（脸后仰）再向前平斩剑，左手扶右手腕。（图 2.51、图 2.52）

36. 清风穿堂

（1）重心后移，右脚变为虚步，同时右剑向外绞一小圈。

（2）右脚退至左脚后，同时右手剑再向外绞一小圈。

（3）左脚收于右脚内侧，右手持剑向里绞一小圈收于腹前，同时左手扶右手腕。

（4）左脚向后退半步为右弓步。同时右手剑向前平刺，左手向左后伸出，手心向外。眼视剑尖。（图 2.53 ~ 图 2.56）

图 2.51

图 2.52

图 2.53

图 2.54

图 2.55

图 2.56

绞剑是外绞两圈，里绞一圈。要随步，平刺剑要有力。

要点

图 2.57

37. 左右挂花

接上势，摆上左步，右手持剑由前向左向上挂剑，左手扶右臂里侧；摆上右步，右手持剑由前上向右下挂剑，左剑指先扶右臂，后分开。（图2.57、图2.58）

38. 青龙翻身

接上势，左脚向右盖步，两手先向两侧分开再合按于腹前，不停，急向右翻身成右弓步。同时右手立剑劈出。（图2.59、图2.60）

图 2.58

图 2.59

图 2.60

动作要连续，一气呵成。

☯要点

39. 踏雪寻梅

重心略后移，摆右脚，上左步，右腿提膝，向前踹出，脚尖外展；同时右手持剑从右后向前上刺出，手心向外，左手剑指伸于胸前托出。（图2.61）

40. 金花落地

接上动作，右转身，右脚向后落步，同时右手持剑向右后反劈，左手剑指落于左后方。手心向外。（图2.62）

41. 仙童扫雪

上左步，脚尖内扣，同时右手持剑在头前云摆剑，退右步，插左步为歇步，同时右剑由左前向右后扫出，手心向下，眼看剑，左剑指架于头左上方，手心向外。（图2.63）

图2.62、图2.63所示为连续动作，要一气呵成。

☯要点

42. 乌龙缠腰

起身向左转360度，两足转动，同时剑随身缠腰转动。（图2.64）

图 2.61

图 2.62

图 2.63

图 2.64

图 2.64 背面

图 2.65

43. 白蛇吐信

上右步、退左步，成右弓步；同时剑随身转动后向前立剑刺出，与肩平；左手伸于左后方，手心向外，与肩平，眼看剑。（图 2.65）

> **图2.64、图2.65所示动作要一气呵成。**
>
> 要点

44. 青龙转身

活右步，身先右转，右手持剑向右向左探出，左手置右肩前，同时上左步向左行步转圈，剑尖指向圆心，眼看剑尖。左剑指边走边从右肩向圆心伸托，手心向上。（图2.66）

图 2.66

45. 走马回头

走至左脚在前时，摆右脚，速扣左步，同时两手腕花，两手方向仍向左方不变，向右倒行步走一圈，眼随剑变，看左后方剑尖。（图2.67）

46. 黑虎出洞

接上势，走至北方起势处，上扣左步转面向南。右手持剑收于胸前，上右步，右手持剑猛向前平刺，左手剑指助推剑首。（图2.68、图2.69）

图 2.67

图 2.68

图 2.69

47. 狮子抖翎

左脚稍退步，右膝提起，以腰带动右臂抖动发劲，手心向上，左手平伸左后方，手心向后。（图2.70）

48. 风轮劈剑

（1）接上势，身左转，右脚扣落，右手向左折剑，剑尖向左。

（2）左转身，上左步，伸左剑指，手心向后；上右步，右手持剑直穿。

（3）再左转身，摆左步，劈左掌；右脚绕步扣于左脚外，而右剑向前劈出。

（4）不停，两手于胸前交叉后再分开，右剑又向右劈出。（图2.71～图2.75）

> **劈为一掌、两剑；一摆步，一右绕步，连三劈为一掌两剑。**
>
> 要点

图 2.70

图 2.71

图 2.72

图 2.73

图 2.74

49. 青龙入海

左转身，摆左步，上扣右步，为开立步，面向南；右手剑随转身由右向左臂下穿出抛剑，交于左手。（图2.76、图2.77）

50. 仙人归山

左手接剑置身体左侧，重心移右脚，左脚向前上半步为虚步；同时右手由右腰向前平伸，手心向上，变剑指，目视左方；不停，活左步，上并右步，同时右手剑指翻手心向下落于身体右侧，目视前方。（图2.78、图2.79）

图 2.75

图 2.76

图 2.77

图 2.78

图 2.79

第三章 游龙八卦连环刀

一、动作名称

1.预备势
2.起势
3.金龙掉尾（横扫千军）
4.青龙飞空
5.闭门推月（东）
6.青龙翻身（东西）
7.青龙转身（北）
8.马后加鞭（西）
9.海底捞月（东）
10.狮子劈山（西）
11.燕子抄水
12.龙游三江
13.懒龙旋涡
14.洞宾观阵
15.青龙返首
16.钟离挥扇
17.乌龙盘山（东）
18.夜叉探海（东）
19.力劈华山（东）
20.脱身化影
21.龙腾虎跃
22.顺水推舟
23.麒麟吐书(西)
24.猛虎回身
25.乌龙缠腰
26.黑虎入洞
27.青龙转身
28.独立打虎
29.金龙蟠柱
30.白蛇缠身
31.周仓扛刀
32.仙童指路
33.野马跳涧
34.指星托月
35.青龙出水
36.力剁金石
37.回身取宝
38.雄鹰展翅
39.白蛇出洞
40.龙游四海
41.游龙戏水
42.猿猴摘桃（南）
43.拨云见日（南）
44.狮子回头（南）
45.金蝉脱壳
46.斜摘金花
47.狮子托球
48.丹凤别翅
49.苍龙啸海
50.蛟龙出水
51.青龙滚身
52.寒鸦飞空（东）
53.平沙落雁（西）
54.大蟒翻身
55.青龙转身
56.走马回头
57.狮子撞山（南）
58.狮子抖翎（南）
59.鹞子穿林（北）
60.刀光剑影（风轮劈刀）
61.狮子摇头
62.返本还原

二、动作图解

1. 预备势

并步自然站立，面向南方，两臂下垂于两腿外侧，左手握刀，手心向前，右手手心向里。目视前方。（图3.1）

图 3.1

> **自然站立，精神集中，心静体松，眼平视前方。**
>
> 要点

2. 起势

（1）右足向右后退步，同时身微右转，右手随退步之势向前、向右、向上画弧运摆于头右侧上方，掌心向外；此时仍面向前方，左步变为虚步。目视前方。（图3.2）

图 3.2

（2）重心右移，身微右转，右掌向右后运摆。身左转，左足向前移步，左手握刀向右画小弧，并向左撩起；右足向左足内后上步震脚，而右掌拇指微扣，立掌向左臂下穿出。目视右掌。（图3.3）

> **左右转身要合理、平稳，上下肢与身法要协调完整。**
>
> 要点

3. 金龙掉尾（横扫千军）

（1）接上动作，右手接握刀，手心向下，身向右转，左足扣步，右足向后退步，足尖外摆。（图3.4）

图 3.3

图 3.4

（2）左足向右足前上步为扣步，右足向前（南）上步为弓步；同时，右手持刀，随右转身之势横扫一圈，与腰平。左手先扶右臂，后伸于左后侧，掌心向外。目视右刀。（图3.5）

体转360度，步子要稳，周身要协调，与横扫刀之劲力要完整合一。

要点

图 3.5

4. 青龙飞空

接上动作，重心左移，左腿独立，右腿提膝；同时，身左转，右手提刀向上向左撩刀至体左侧，刀刃向左后方，左掌扶右臂。目视右刀。（图3.6）

图 3.6

5. 闭门推月（东）

接上动作，右足向前上步，足尖外摆，左足向右足前上步为弓步；同时，身体右转，右手持刀继续向下向前撩刀，刀刃向前上，左掌扶刀背助力推刀。目视右刀。（图3.7）

图3.6、图3.7所示为连续动作，要一气呵成，撩刀要走立圆，幅度要大，弓步推刀要有气势。

要点

6. 青龙翻身（东西）

接上动作，重心右移，左足尖内扣，随之重心移左腿，站稳独立，右腿提膝；同时身向右后翻转，右手持刀随翻转之势从左经头上方往右前滚臂片刀，刀刃向左，刀尖向前，与肩平。目视右刀。而左手滚臂撑于左后方。（图3.8）

图 3.7

此动作之翻身，实为滚翻拧转、四劲合一；动作要有气势，有威风。

要点

7. 青龙转身（北）

（1）接上动作，右足向右前落步，右手持刀腕花向右下沉，左足上步，右手刀向上、经头前上方向左探刺，刀刃向上，刀尖对左圆心，而左手从左向右肩前掩裹，掌心向右，指尖向上，目视刀尖。（图3.9）

（2）不停，上右步、上左步，向左转行一周，目视刀尖。

图 3.8

> **左行步转圆，下盘要稳，全身拧向中心，走蹚泥步，起平落扣。**
>
> 要点

8. 马后加鞭（西）

接上动作，走至圈北沿，左足在前时，右足向左足前上步为扣步，同时身左转，而右手持刀从圈心向下、向上、向右后劈刀，刀刃向下，刀尖向后。（图3.10）

9. 海底捞月（东）

上动作不停，左转身，左足向前上步，右足向左足前上步，同时左手向左撩出，架于头左侧方，右手持刀，从右后向右足前撩出，刀刃向上，与肩平。（图3.11）

图 3.9

图 3.10

图 3.11

图 3.12

10. 狮子劈山（西）

上动作不停，身继续左转，右足内扣，左足向左上步，足尖外摆，右足向左足前上一步为弓步，同时左手向左劈掌后架左后上方，掌心向外，右手持刀上提、随上右步之势向前劈出，刀刃向下，刀尖向前，高与肩平。目视右刀。（图3.12）

图3.10～图3.12所示为连续动作，要一气呵成，三动作体转360度。扣、摆步要走一条线，抡劈刀要走立圆，要做到人随刀走、刀随人转、刀人相随之好身法。

要点

11. 燕子抄水

（1）接上动作，右手持刀以腕关节为轴向前抡劈刀。

（2）右腿屈蹲，左足向左仆步，同时刀尖折回于体前，左手收于腹前，手心向上。（图3.13）

图 3.13

12. 龙游三江

（1）接上动作，身左转上起，左手随左腿向前架于头左后上方，手心向外，右足向左足前上步，右手刀随上步之势向前穿出，刀刃向上，刀尖向前，与肩平。目视刀尖。（图3.14）

（2）不停，左足上步，右足上步向前走弧形步，走约六至八步。（图3.15）

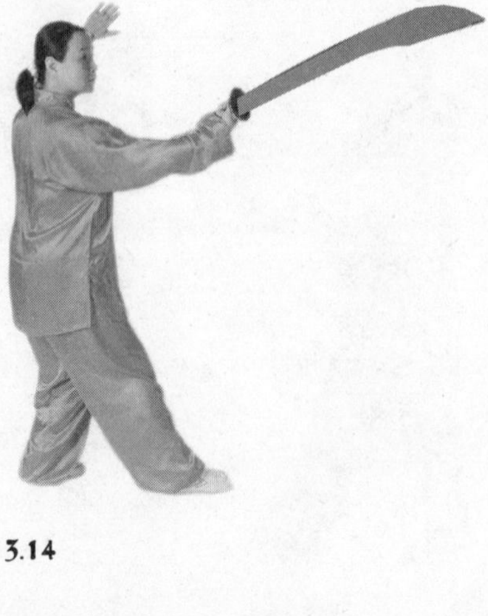

图 3.14

图3.13~图3.15所示动作连接要紧密，行步穿刀，要走出形如游龙之好身法来。方向是东北至西南路线。

要点

13. 懒龙旋涡

（1）接上动作，走至西方左足在前时，右足向左足前扣步，同时，右手持刀从前向右后挂刀，身随之右后仰眼看刀尖。

（2）不停，身从右后向左滚翻旋转，右手刀随滚翻之势从右后向左裹脑绕至体前，同时右腿微屈，身下伏。（图3.16）

（3）左足向左后活步，右足向左足前上步，同时左手撑架于左后上方，手心向外，右刀向前穿行，刀刃向上，刀尖向前，向右走弧形步，目视右刀。（图3.17）

> **此动作主要是身法，要有滚钻争裹之劲力。**
>
> 要点

图 3.15

图 3.16

14.洞宾观阵

（1）接上动作，走至起点时，右足摆步，左足扣步；同时右手持刀于头上方从前向右、向后、向左、向前云一圈。左手由左向右、向内、向左肋画弧，手心向上。

（2）不停，右手刀从前向右后背插刀，而身向右拧，左手从左向右肩前运摆，手心向右。

（3）不停，右足向右侧跨步为右侧弓步，右手刀继续背插，使刀尖至左肩后上方，而左手由右向左方推掌，手心向左，掌指向上。目视左掌。（图3.18）

> **摆、扣步共四步，另有一跨步，要与刀之云抹缠身合拍，背刀于右侧弓步、左推掌要同时，整体动作潇洒、漂亮、神气。**
>
> 要点

图 3.17

图 3.18

15. 青龙返首

接上动作，身右转（图3.19），左足向右足前上步为扣步，左手向右臂下穿出托刀，同时，身后仰，右手举刀向右后滚身，右足向右上步，右手向右劈刀，与肩平。左手滚臂架于左侧后方，手心向外。（图3.20）

> **此动作主要是滚手、滚臂、滚身，而力在脚、腿，立轴于腰，行于手、刀。要有滚钻争裹之劲力。**
>
> 要点

16. 钟离挥扇

（1）接上动作，左足向左移步，左手向左摆掌，右足向左足前上步为虚步，右手持刀翻手心向上、向左平抹挥刀，刀刃向左。（图3.21）

（2）右足向右上步，左足收于右足内侧，右手翻手心向下、向右平抹挥刀，左手扶右小臂。（图3.22）

> **活步、上步、收步与左右平抹要协调合拍，动作要轻灵、柔活、稳健。**
>
> 要点

图 3.19

图 3.20

图 3.21

图 3.22

图 3.23

17. 乌龙盘山（东）

接上动作，身左转、摆左步，扣右步、摆左步，上右步同时，右手持刀，向左随步云刀于肩上向前斩刀，刀刃向左，与肩平。而左手顺势于左后方，手心向外，目视右刀。（图3.23）

> **此动作是向左云抹一圈，随惯性向前摔刀平斩，劲力要顺达。**
> 要点

18. 夜叉探海（东）

接上动作，右足向前活步，站稳独立，左腿提膝，同时，右手持刀，向左挂刀，向上向前抡劈刀，刀尖向下与膝平，身前倾，目视右刀，而左手向后上运摆于头左上方，掌心向上。（图3.24）

图 3.24

> **独立抡劈刀，要走立圆，气势要大。**
> 要点

19. 力劈华山（东）

（1）接上动作，左足向后落地，左手抱于胸前，右手刀向左挂刀。（图3.25）

图 3.25

（2）左足向左移步，右足向左足并步，右手刀向上向右劈刀，左手撑于左方。（图3.26）

图 3.26

> **动作要稳、快、干脆、利落。**
> 要点

20. 脱身化影

（1）接上动作，右足摆步，左足向右足前扣步，右手持刀，向右、向上、向左腿外切按刀，同时身左倾下伏。（图3.27）

图 3.27

图 3.28

（2）上右步，上左步，向右走弧形步数步。（图3.28）

21. 龙腾虎跃

（1）接上动作，走至右足在前时，左足向左前上步，右足向左足前上步蹬地，左足跳起。（图3.29）

（2）右足落步，右手持刀后劈，左足上步，右足跟步震脚，右手折刀向前刺出。（图3.30）

图3.27～图3.30所示为连续动作，要一气呵成，行步为反弧形步，方向是东至西南，动作要严密紧凑、潇洒奔放，如龙似虎。

要点

图 3.29

22. 顺水推舟

（1）接上动作，右足向后退步，右手刀向右后下刺刀与膝平。（图3.31）

（2）左足向后退步，右手刀折回向前反刺，刀与头同高，左手扶右臂。目视刀尖。（图3.32）

23. 麒麟吐书（西）

（1）接上动作，重心后移，为左实右虚步，右手持刀抽带于体前。（图3.33）

图 3.30

图 3.31

图 3.32

（2）右足向前上步为独立步，左腿提膝，右手刀向前平刺，与肩平，左手于左后上方，手心向外。目视右刀。（图3.34）

刺刀要勇猛有力，图3.31、图3.32所示为反刺刀，图3.33、图3.34所示为平刺刀。

要点

24. 猛虎回身

（1）接上动作，身左转，左足退步，右足向左足前上步为扣步。（图3.35）

（2）身继续左转，右足独立，左腿提膝，右手持刀抡一个大立圆，向前剁劈刀，力在刀中刃，与胸平，左手架头左上方，手心向外。（图3.36）

体转360度仍向西方劈刀，翻身幅度要大，劈刀要威风有力。

要点

25. 乌龙缠腰

接上动作，左转身，左足向后摆落，右足向左足前扣步，左足摆步，右足向左足前扣步；同时，左手随左转身之势向背后插掌，右手折刀横于腹前，刀尖向左。（图3.37）

图 3.33

图 3.34

图 3.35

图 3.36

图 3.37

图 3.38

26. 黑虎入洞

不停，身继续左转，左足向后（东）退步，右足顺向西方为弓步，右手持刀顺转身之惯性向前（西）猛刺，刀刃向下，刀与胸平。而左手伸于左后方，手心向后。目视右刀。（图3.38）

图3.37、图3.38所示为连续动作，共转身360度，左转身要快，刺刀要猛。

要点

图 3.39

27. 青龙转身

（1）接上动作，右足向前活步，右手持刀向前腕花劈刀。

（2）左足向前上步，右手持刀向右、向上、向左探刺刀，刀刃向上。刀尖向左圈心，左手向右腋前推出，掌心向右。（图3.39）

（3）上右步，上左步，向左转行数步，目视刀尖。（图3.40）

全身拧向中心，走蹚泥步。

要点

图 3.40

28. 独立打虎

接上动作，走至左前方，左足在前时，左足站稳独立，右腿提膝；同时，右手持刀，从左向后、向右、向前云抹至左肋，刀刃向外，刀尖向左后方，而左掌架于头左上方，掌心向上，目视前方。（图3.41）

此势要以腰带动四肢云抹亮势，周身要协调完整，定势要有独占鳌头之气魄。

要点

29. 金龙蟠柱

接上动作，身右转，右足向右落步，足尖外摆，左足向右足前扣步，右足向右摆步，两腿屈膝半蹲，向右后拧转；同时，右手持刀从左向

前、向右、向前上方画一圈向右腿外截刀，目视右刀，而左掌顺势架头左上方，掌心向外。（图3.42）

> **右手持刀云抹缠绕要与步法协调一致。**
>
> ☯要点

图 3.41

图 3.42

30. 白蛇缠身

（1）接上动作，左足向右足外绕扣一步，同时俯身从右臂下钻过，同时右臂上抬，身左仰。（图3.43）

（2）身从左向右滚翻后仰，右手持刀于身后方，左手裹于体前，手心向上。

（3）右手持刀从身后缠头向右、向前运摆，至于左肋，刀刃向外，左手架于头左上方，掌心向外。（图3.44）

> **以腰带动四肢，滚翻拧身幅度要大，要有气势。**
>
> ☯要点

31. 周仓扛刀

（1）接上动作，身右转，右足向前上步，足尖微摆，左足向右足前上步，足尖微扣，向右走弧形步四步，同时，右手持刀从左向下、向右、向前上、向左云抹一圈至左腿外，此时身随步向左倾。

> **行步时刀随步，滚身时刀随身，要有好身法。**
>
> ☯要点

图 3.43

图 3.44

图 3.45

（2）不停，身从左向右滚翻，右刀随滚翻之势从左过头运至右肩上。（图3.45）

32. 仙童指路

接上动作，右手持刀从右裹脑向左、向右腰抽带刀，同时右足独立，左腿提膝，左手向前推掌，掌指向上。目视前方。（图3.46）

> **全身要协调完整，独立上指要有神气。**
>
> 要点

图 3.46

33. 野马跳涧

（1）接上动作，左足向前落步蹬地，右足跳起，腾空向左转身。

（2）左足落地，足尖外摆，右足向左足前落步，右腿前弓。同时，右手持刀随转身之势向前立刀刺出，与肩平，左手随转身撑于左侧后方，手心向外。目视右刀。（图3.47）

图 3.47

34. 指星托月

（1）接上动作，右足向前活步，右手刀腕花，身体右转。

（2）左足向前（西）上步为扣步，右足向左足后退步站稳独立，左腿提膝；同时，右手持刀顺左转身之势向左、向后、向下、向前上撩一个大立圆架于右前上方，刀刃向上，刀尖向前，高于头。而左手由右肩前向前推出，掌指向上，目视左掌。（图3.48）

> **动作幅度要大，右架刀、左推掌要有气势。**
>
> 要点

图 3.48

35. 青龙出水

（1）接上动作，左足向前落地，足尖外展，右手持刀外旋从左向前折刀，收于左胸前，刀刃向左，刀尖向前，而左手扶右小臂。（图3.49）

（2）左足向前进步，右足跟步，右手刀向

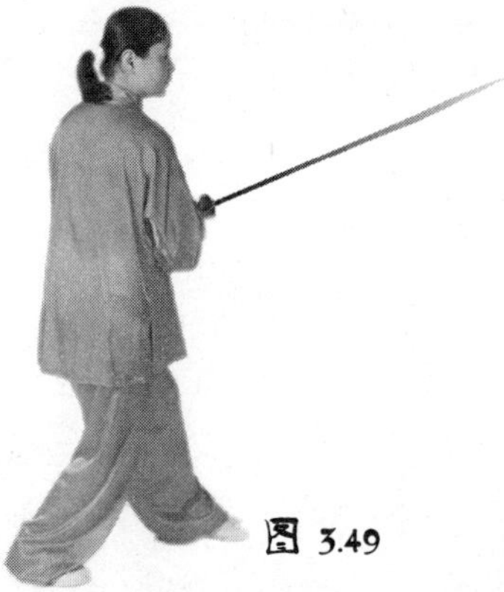

图 3.49

图 3.50

前猛刺，刀刃向左，而左手撑于左后方，掌心向外，目视右刀。（图3.50）

右手刺刀与左进步、右跟步要同时，刺刀要勇猛有力。

要点

图 3.51

36. 力剁金石

（1）接上动作，右足向左足内侧上半步为丁步，右手刀从前向右肩前带回，尖向后斜上方，刃向前。（图3.51）

（2）右足向前上步，左足跟步，右手持刀向前斜剁劈刀，刀刃向前下方，刀尖向前上。目视右刀。（图3.52）

图 3.52

此为带劈刀，发劲要猛，如猛虎扑食。

要点

37. 回身取宝

接上动作，左足向前上步站稳，身后仰平衡，右足向前绷踢，与腰平，同时，右手持刀于右肩上向后反刺刀，刀刃向上，刀尖向后与头平，目视右刀尖；左手先扶右腕，后随右踢脚向前指出，手心向上，与腰平。(图3.53)

图 3.53

图 3.54

平衡仰身要稳，刺刀要猛，前后要有争力。

要点

38. 雄鹰展翅

接上动作，右足向后落步，足尖外摆，左足向右足前扣步，右足向后退步站稳独立，左腿提膝。同时，右手持刀随转身之势在头上云抹一个大圈后向右斩出，刀刃向右与胸平，左手在头前上云一圈后撑架于左上方，掌心向外。目视右刀。（图3.54）

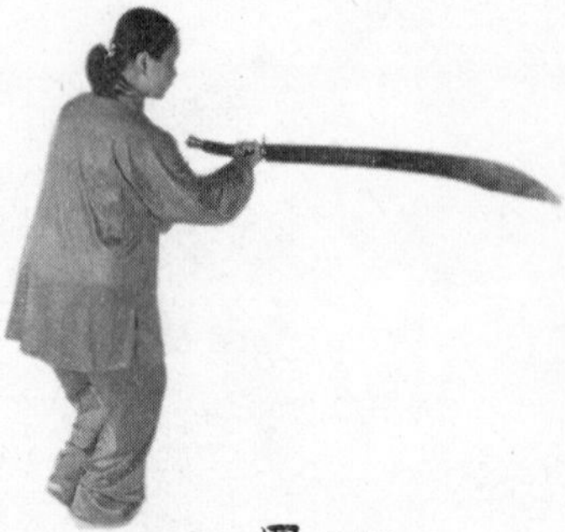

图 3.55

云抹斩刀，转体360度，斩刀要随转身之惯性而展示威风，斩刀与独立步要同时，身微右倾。

要点

39. 白蛇出洞

（1）接上动作，左足向左（东）落步，右足向左足前上步，左足随之跟提。同时右手持刀，翻手心向上，从右向左前撩刀，与肩平，左手扶右小臂。（图3.55）

（2）左足向左后退步，右足向左足前上步，右手持刀旋腕，刀尖向内回勾画一小弧，随上右步向前穿行。（图3.56）

此动作主要是撩刀变换穿刺刀，要以腰带动四肢，而上步、跟步、倒步要与刀的变化相合，动作要轻灵、敏捷、柔活，走出身法来。

要点

图 3.56

图 3.57

图 3.58

40. 龙游四海

（1）接上动作，右转身，左足向左前上步，足尖微扣（图3.57），右足向左足前上步，足尖外展，向右走弧形步（图3.58），同时，右手持刀，随步于左臂下向前穿行，左手于右臂上，向前走约四步。

图 3.59

（2）不停，走至左足在前时，右足向左足前上步（图3.59），足尖微扣，左足上步，足尖外展，变为向左走弧形步，同时右手持刀，在右足上步足尖微扣时，向外挂刀，左手收于胸前，向左拧身转行，右手持刀翻腕运摆至头右前上方，刀尖向左(如图3.60)，刀随步，边走边变，走约四步。

图 3.60

（3）不停，随身法和刀法之变化再向右走弧形步，而右刀随步向前穿行，与（1）同。（图3.61）

> **此动作主要是走左、右弧形步，刀随身边走边变，手、眼、身法、步形、神要合一，要走出形如游龙之身法来，路线为“∞”状。**
>
> 要点

图 3.61

41. 游龙戏水

（1）接上动作，右弧形步走至中间时，摆右步、扣左步、右手持刀，在头前上方向右、向后、向前云刀一圈。（图3.62、图3.63）

图 3.62

图 3.63

（2）摆右步、扣左步、右

图 3.64

手持刀，刀尖向下、向左上，再向右后挂刀，这是右转身向右挂刀。（图3.64）

（1）至中间，摆、扣步和云刀时，左手先扶右臂，扣步时收于胸前，手心向上。

（2）右挂刀、左挂刀，左手均扶右臂运转。

（3）此动作扣、摆步、云刀、挂刀的步数不拘，主要体现游龙戏水的好身法。

要点

图 3.65

（3）摆左步、扣右步，刀从右后向上、向左挂刀，这是左转身向左挂刀。（图3.65）

42. 猿猴摘桃（南）

（1）接上动作，摆左步，右手向左穿挂刀，右足向南上步为弓步，右手持刀横于头前上方（此时头后仰），左掌扶刀背。

（2）两手向两侧画弧后向前平斩刀，左手扶右臂，目视右刀。（图3.66）

身后仰，两手在脸前刮刀动作要快。

要点

图 3.66

43. 拨云见日（南）

（1）接上动作，右足变为虚步，右手持刀向左拨刀。（图3.67）

（2）右足向后退步，右手向右拨刀。（图3.68）

图 3.67

图 3.68

（3）左足收右足内侧震脚，右手持刀抽带于腹前。（图3.69）

（4）右足向前上步，右手持刀向前刺刀与腹平。目视右刀。（图3.70）

图 3.69

图 3.70

两手一分一合，左拨刀刀刃向左，右拨刀刀刃向右，高与头平。刺刀刀刃向下，高与腹平。拨刀要活，刺刀要猛。

要点

44. 狮子回头（南）

（1）接上动作，左转身，左足摆步，左掌向左撩掌。

（2）右足向左前上步，足尖内扣，右手持刀随上步向前（北）撩刀。（图3.71）

（3）身体继续左转（南），左手向左劈掌，右足尖内扣。

（4）右足独立，左腿提膝，同时，右手持刀向上、向前剁劈刀，力在中刃，与胸平，左掌撑架于头左上方，掌心向外，目视右刀。（图3.72）

翻身回头要猛，气势要大。

要点

图 3.71

图 3.72

图 3.73

45. 金蝉脱壳

（1）接上动作，左足向左落步，右手持刀向左领带，刀刃向右。（图3.73）

（2）右足摆步，左足向右足前扣步，同时，右手持刀从左向右、向上、向左画个圈，向左腿外截按刀，身左倾下伏看刀，左手扶右腕。（图3.74）

（3）上右步、上左步、上右步，共走三步，方向是从西南向东北，走弧形步。（图3.75）

图 3.74

46. 斜摘金花

接上动作，右手持刀以腕、肘关节为轴（图3.76），从前下在身右侧轮一斜立圆向右前劈刀，与膝平。同时，右足独立，左腿提膝，身微前倾，目视右手刀，而左手撑架于头左上方，手心向外（图3.77）。

> **图3.73～图3.77所示动作为连续动作，要一气呵成，走出好身法来。**
>
> 要点

图 3.75

图 3.76

图 3.77

47. 狮子托球

接上动作，左足点地，身左转，左腿提膝，足尖外展前踹，左手架于头左侧上方，手心向外，而右手随左转身向前托刀，刀刃向上，与胸平，目视右刀。（图3.78）

图 3.78

> **从右向左转身，右腿要稳，动作要快速有神。**
>
> 要点

48. 丹凤别翅

接上动作，左足落地，右足上步，足尖外展，左足向右足前上步，足尖内扣，同时，右手持刀以肘、腕关节为轴从前向右、向上、向左劈刀，身向左倾。（图3.79）

图 3.79

> **动作要轻灵、敏捷，圆活自然。**
>
> 要点

49. 苍龙啸海

接上动作，身从左向右滚翻，右足向后（西偏南）上步站稳独立，左腿提膝；同时，右手持刀随翻身之势从左向右上抡劈刀，刀尖低于肩，而左手随翻身之势撑架于左侧上方，手心向外。（图3.80）

> **滚翻、拧转是难点，刀在空中要走立圆，定势要大气威风。**
>
> 要点

图 3.80

图 3.81

图 3.82

图 3.83

50. 蛟龙出水

（1）接上动作，左足向左后落步，右足向左足前上步（图3.81），从西南向北、向东南走右弧形步，右手持刀向左臂下向前穿行，刀刃向上，左掌于左后上方，掌心向外。（图3.82）

（2）接上动作，走至东南方，左足在前时，右足向左足前绕扣一大步，同时右手持刀，先向右后摆挂，身随之向右后仰身看刀。再复向左滚翻旋转，而右手持刀也随滚翻之势从右后向左裹脑绕至体前，身下伏。（图3.83）

（3）左足向左向活步，足尖内扣，右足向左足上步，足尖外展向右走小弧形步。

其弧形步是西至东南方，路线是“～”形。

要点

51. 青龙滚身

（1）接上动作，小右弧形步走至东南方时，右足上步外摆，左足向右足前绕扣一步，右手持刀向右、向上、向左腿外劈刀。（图3.84）

（2）右足摆步，身从左向右滚翻，右手持刀随滚身向东抡劈刀，与肩平。（图3.85）

图 3.84

图 3.85

图3.82～图3.85所示为连续动作，要一气呵成。由弧形步换龙滚身，就地转滚一小圈，抡劈刀随滚翻之势要走立圆。

☯要点

52. 寒鸦飞空（东）

接上动作，右手腕刀花下沉，左足向前上步站稳，右腿提膝向前踹出，足尖外展，同时，右手持刀从右向上、向前探刺，刀刃向上，高于头，左手由右肩前向前方伸托，掌心向上，与胸平。（图3.86）

图 3.86

独立步要稳，势子要大气有神。

☯要点

53. 平沙落雁（西）

（1）右足向右后落步，右手持刀向右后挂压。（图3.87）

图 3.87

（2）左足向右足前扣步，右足向后退步，右手持刀，由胸前翻腕云抹向右后扫刀。（图3.88）

图 3.88

此动作是摆、扣、退步，右转体360度，与云抹扫刀要协调完整。

☯要点

图 3.89

图 3.90

图 3.91

图 3.92

54. 大蟒翻身

（1）接上动作，身继续右转，左足向前上步成前弓，左掌随上左步前穿，掌托刀背。（图3.89）

（2）重心右移，左足扣步，随之重心移左足，左足站稳独立，右腿提膝，同时右手刀随身滚翻之势从左经头上向前翻腕片刀，刀刃向左与肩平，目视刀。左手随身滚臂撑于左后方，掌心向外。（图3.90）

滚翻拧转要滚出身法，势子要大气、威风。

要点

55. 青龙转身

（1）接上动作，右足落地，右手刀腕花下沉，左足上步，右手持刀从右向上、向前、向左探刺，刀刃向上，尖对左圈心，左手掩裹于右胸前，掌心向右。（图3.91）

（2）上右步、上左步，向左行步转圆。（图3.92）

全身拧向中心，走蹚泥步。

要点

56. 走马回头

接上动作，由左行步转圆，走至左足在前时，右足向右外摆，左足向右足前扣步，由左行步变为右倒行步，向右转圆；同时，右手持刀从左向前、向右、向后、向左在头上云一圈，托于头前上方，刀刃向上，刀尖向左方，而左手从右肩前向左伸托，掌心向上，于刀下方（不触刀），目视左方刀，向右倒步转行。（图3.93）

转换处的摆、扣步与云抹刀要合拍，倒行步是上身左拧，向右倒行步。

要点

57. 狮子撞山（南）

（1）接上动作，倒行步行至起势方向时，左足向右足前扣步，身右转向南方。

（2）右足收于左足内侧，右手向前折刀，收于腹前，刀刃向左，刀尖向前，而左手扶右小臂。（图3.94）

（3）不停，右足向前上步，左足跟步，右手向前立刀猛刺，刀刃向下，与胸平，左手推把首。（图3.95）

转身要快，刺刀要猛，动作要紧凑，威风有力。

要点

58. 狮子抖翎（南）

接上动作，左足稍后移，站稳独立，右腿提膝，同时右臂前伸抖动平刺，而左手撑于左侧后方，手心向外。目视右刀。（图3.96）

独立抖翎，主要是全身放松，以腰弹抖，行于手而刀。

要点

59. 鹞子穿林（北）

（1）接上动作，右足落地内扣左转身，同时刀折回尖向左方。（图3.97）

（2）左足向左摆步，左手向左撩掌。

（3）右足向左足前上步，右手持刀随右步向前穿刀，刀刃向上。（图3.98）

图 3.93

图 3.94

图 3.95

图 3.96

图 3.97

图 3.98

图 3.99

60. 刀光剑影（风轮劈刀）

（1）上动不停，身继续左转，左手向左劈掌。

（2）左足向后退步，右手持刀向前（南）劈刀。（图3.99）

（3）不停，右足向左足外绕上一步，同时，右手与左手交叉于胸前再分开，右刀向右（南）劈刀，而左手向左劈掌。目视右刀。（图3.100）

此动作也叫风轮劈刀，其特点是连劈两掌两刀，动作要快速敏捷、干净利落、大方漂亮。

要点

61. 狮子摇头

（1）接上动作，左足就地摆步，身左转，左手向左背后插掌，再向左环抱于胸前。

（2）右足向左足前上步，足尖内扣，同时右刀随转身向左臂下平穿复向右挂刀，此时重心右移，右手托刀于右后上方，左手收于胸前，手心向上。（图3.101）

（3）左足向前进步，重心移左足，左手顺左腿滚臂伸掌，而右手持刀从右上经头上方向左盖刀。（图3.102）

图 3.100

图 3.101

图 3.102

62. 返本还原

（1）接上动作，左手接刀，重心右移，左足变为虚步，左手握刀，收于身体左侧，而右手从前向右、向内画弧，从腰侧向前穿掌，拇指微扣，掌心向上与胸平。目视前方。（图3.103）

（2）左足活步，右足向前上步与左足并步，同时，右手向右向上画弧翻掌，收于右腿外侧，目视前方。（图3.104）

全套动作始终保持精神集中、气势饱满。

要点

图 3.103

图 3.104

第四章 八卦子午鸡爪阴阳锐

一、动作名称

1.预备势
2.起势
3.青龙出海
(如狮形掌)
4.狮子扑球
5.狮子推山
6.金鸡撒膀
7.大蟒翻身
8.青龙缠身
9.白蛇出洞
10.鹞子穿林
11.猛虎出柙
12.白蛇伏草
13.狮子滚球
14.二龙戏珠
15.雄鹰旋空
16.猿猴洗脸
17.狮子张口
18.走马回头
19.犀牛望月
20.顺风摆柳
21.毒蝎反尾
22.猿猴蹬枝
23.寒鸦飞空
24.黑虎偷心
25.大鹏展翅
26.乌龙摆尾
27.怪蟒翻身
28.鹞子翻身
29.海底寻珠
30.螳螂扑蝉
31.金鸡侧翅
32.乌龙蟠柱
33.狮子翻身
34.狮子托球
35.拨云见日
36.蝴蝶穿花
37.左阴阳鱼
38.鹞子展翅
39.天王托塔
40.白蛇吐信
41.玉女穿梭
42.猿猴翻身
43.猿猴探爪
44.猿猴扒杆
45.猿猴扑人
46.背身吐信
47.麒麟吐书
48.狮子抖翎
49.火炮冲天
50.三盘落地
51.燕子钻天
52.春风卷柳
53.龙飞凤舞
54.黄龙探爪
55.指南金针
56.双龙入海
（收势）

二、动作图解

1. 预备势

面向南方，两脚并立，两脚尖向前，身体正直，两手握锐于身体两侧，手心向内，锐尖向下，目视前方。（图4.1）

2. 起势

（1）左足向左开步。（图4.2）

（2）两手握锐向前平举，与肩同高同宽，手心相对，锐尖向南（前方）。（图4.3）

（3）身体重心微左移，左手内旋，右手外旋，向左领摆。（图4.4）

（4）不停，重心右移，左手外旋，右手内旋，向右削带。目视双锐。（图4.5）

> **左、右削带，要以腰带动，移动重心，动作要轻灵。**
>
> 要点

图 4.1

图 4.2

图 4.3

图 4.4

图 4.5

3. 青龙出海（如狮形掌）

（1）承上势，两锐向右、向前上、向左、向右画一大立圈，同时右足向右上一步为侧右弓步，而右手举于右侧，左手收于右胸前。（图4.6）

图 4.6

（2）不停，左足向右足右前方上一步，足尖微内扣，而右手上举于头右上方，手心向内，锐尖向左前方，左手由右胸前翻手心向上向圈心平刺，向左行步转圈，目视左锐。（图4.7）

图 4.7

> **走蹚泥步，松腰塌胯，全身拧向中心。**
>
> 要点

4. 狮子扑球

承上势，向左行步转圈，走至北方左足在前时，右足向前上一大步，足尖内扣，同时右手持锐由上向前劈搂与肩平，左手由左向前劈搂于右臂内侧，眼看前锐。（图4.8）

图 4.8

> **劈、搂要松肩直臂，如鸡子抓物一般。右手持锐在前。**
>
> 要点

5. 狮子推山

（1）承上势，右足尖内扣，左足外摆，右足收至左足内侧，不落地，同时，身体左转，两手握锐收于腹前。（图4.9）

图 4.9

（2）不停，身体右转，右足顺圈线落步，同时两手翻锐成手心向下抱于胸前，锐尖相对，沿圈线向右行步转圆，目视双锐。（图4.10）

> **上下肢收、带要同时，向右转圆时，转身、上步、扭头要同时，上下相随。**
>
> 要点

6. 金鸡撒膀

右行步至北方右足在前时，左足向前上步，足尖内扣，身右转下蹲，右腿提起向后（右）仆步，同时在扣左步时左手持锐向左上穿出，手心向上。右仆步时，左手持锐收于左胯侧，手心向下，而右手握锐，手心反向上，顺右腿上向右穿出，目视右手。（图4.11）

图 4.10

> **转身、扣步要快，右仆尽力低。**
>
> 要点

7. 大蟒翻身

（1）承上势，左足向前上步，同时左手持锐随上左步之势向前探出，手心向上，高与眼平。（图4.12）

（2）不停，重心右移，左足尖内扣，身向右转。

图 4.11

（3）重心复移左足，右腿提膝，同时身向后仰拧翻，右手持锐随翻转之势从左向上、向右滚臂运转，过头向前方云片，手心仍向上，而左手握锐滚臂落于左后方，手心向后，目视右手锐（向东）。（图4.13）

图 4.12

图 4.13

图 4.14

拧身、滚翻时，全身要有争裹劲。

要点

8. 青龙缠身

（1）承上势，右手锐尾向右膝上搂挂，再继续向右、向上、向头右上方运转，同时右腿落地，足尖微扣。（图4.14）

（2）左腿提起，左锐由左向左膝上向里搂挂，向左后背插。

（3）左足向左前落步为摆步，右足向左足前上步，足尖内扣，向左行步转一圈，而两手握锐随转圈之势变为左手持锐继续拧身背插，右手持锐落于左胸前。（图4.15）

图 4.15

9. 白蛇出洞

承上势，随左转行步至北方时，向西南方向走直行步，上左步，上右步，上左步。同时，左手手心反向上继续滚臂为手心向上，而右手落左臂内侧，手心向内。目视左手。（图4.16）

图4.14 ~图4.16所示为连续动作，主要是拧身、滚臂，而且滚中有钻，边走边变化。

要点

图 4.16

图 4.17

图 4.18

10. 鹞子穿林

（1）承上势，直行步，行至左足在前时，右足向左足前扣步，左转身，左手持锐向右肩前掩裹。（图4.17）

（2）不停，左足向左摆步，左手持锐翻手心向下，往东北方向走直行步（图4.18），上右步，上左步，上右步，左手握锐边走边往前、往上撩架于头前上方，手心向外，右手握锐为立锐边走边刺，与胸平。（图4.19）

图 4.19

（3）走至东北方向时，上扣左步，右手持锐往左掩裹，再往南走直行步，上右步，上左步，上右步，右手随步撩架，左手随步前刺。（图4.20~图4.22）

图 4.20

此动作是西南往东北，再往南走直行步，边走边撩边刺。

要点

11. 猛虎出柙

承上势，左手持锐经右臂下往上撩架，左足上步，右手往前刺锐。手心向左与肩平。（图4.23）

此动作与上动作是连续动作。要一气呵成。右刺锐动作要快，发劲要猛，朝向南。

要点

图 4.21

图 4.22

图 4.23

图 4.24

12. 白蛇伏草

承上势，重心后移，左足内扣。向右转身，身后仰。左手握锐方向不变，右足外摆屈膝下蹲，眼看左锐（图4.24）。左足向前上步，左手握锐由右向左顺左步截按与膝平，右手握锐按于跨侧，目视左手。方向西北。（图4.25）

13. 狮子滚球

（1）承上势，左步前移，上右步，上左步（走三至五步）。左手握锐随步向前上撩，左手心向外，右手持锐向前平刺，手心向上。（图4.26）

（2）不停，上扣右步，身后仰，由右向左拧翻，同时双手握锐随身拧翻之势由右向上、向头上（身后仰）、向左云摆。（图4.27、图4.28）

（3）不停，左足向左后跨步，右足向左足内侧收步（不落地）。而双锐由左上收于腹前，眼看右前方。（图4.29）

图 4.25

此动作主要是手、眼、身法、步与拧、滚身要协调，跨步闪身要利落。

要点

图 4.26

图 4.27

图 4.28

14. 二龙戏珠

（1）承上势，右足向右前上步。两锐向两侧前方探出。向右走弧形步，眼看右手。左足上步，足尖内扣。右足向左足前上步。（共走三五步）（图4.30）

（2）走至上右步时，右手锐先向内旋后外旋，在头前上云片。左足上步，左手锐从左向前、向右云片。（图4.31）

（3）再上右步，足尖内扣。右手锐由前向左臂下穿。手心斜向上。眼看右手锐。方向西偏南。（图4.32）

> **两手云片与步子要协调，云片两手交替要合理，分清主次。**
>
> 要点

图 4.29

图 4.30

15. 雄鹰旋空

（1）承上势，身左转，左足向左上步，同时，左手锐从右上向左后（东方）反臂撩出，手心向后，身继续左转。（图4.33）

（2）右足向左足前绕上一步为扣步，同时右手锐向左臂下穿过，向西平穿，手心向上，与腰平；左手锐方向不变向左后方（东）反盖，手心

图 4.31

图 4.32

图 4.33

图 4.34

向上，与头平，身向左后仰，目视左手锐。（图4.34）

> **从右向左旋转360度，步子要轻灵稳健，转身要自然圆活。**
>
> 要点

图 4.35

16. 猿猴洗脸

承上势，左足向东退步，左手锐由后上向体前掩挂（图4.35），退右步，右手锐由右前向脸前掩挂（图4.36），左足再退一步，左手锐再向脸前掩挂。（图4.37）

> **左右退步掩手，身法要灵活。**
>
> 要点

17. 狮子张口

（1）右足向右后退步，右手锐向右后回带；左足收于右足内侧不触地，左手锐收带于左腹前。（图4.38）

（2）不停，左足向左前上步，左手锐向左前托伸，手心向上，与肩平。右足上步，足尖内扣，右手锐从右后向右上刺出，手心向内，继而向左走弧形步（走六至八步）。（图4.39）

图 4.36

图 4.37

图 4.38

18. 走马回头

承上势，行至东北方，右足摆步，左足向右足前扣步，两手心相对，目视左手锐。（图4.40）

19. 犀牛望月

承上势，身继续右转，右足向右后退步，站稳，左腿提膝，为右独立步。两手随转身在头前上方向右云片，左手心向上，云至右胸前，右手锐片至右后上方，右手心向下，高与头平，胸向北，眼看右后方右锐。（图4.41）

图 4.39

> **图4.38~图4.41所示为连续动作；图4.38、图4.39所示为弧形步，走大半圆；图4.40、图4.41所示身转360度，云片翻手要圆活自然，上下肢要协调、劲整。**
>
> 要点

图 4.40

20. 顺风摆柳

左足向左前落步，右足向前上步，左足再上半步为虚丁步，右手锐随上步之势，从右后上向右侧摆动三次。（图4.42）

21. 毒蝎反尾

（1）承上势，在左足停步时，左手锐搂于左胯后，右手锐经体前向左膝外领带。（图4.43）。

图 4.41

图 4.42

图 4.43

图 4.44

（2）不停，左足退步。右足向右后退步为独立步，左小腿后勾，同时左手锐掩至右胸前，右手锐从左下经体前向右后上方劈点。左手锐侧撩于左上方，手心向外。目视右手锐。（图4.44）

图4.42~图4.44所示为一连续动作。动作要轻灵、柔活。

要点

22. 猿猴蹬枝

图 4.45

（1）左足向西落步，左手锐向左下反撩。（图4.45）

（2）右足向前（西）绷踢。右手锐向前撩出，左足尖碾地。身体左转。右足变蹬脚与胯平，身左倾。同时，两手锐顺势左右平刺。两手手心均向下。目视右手。（图4.46）

右踢脚变蹬脚，与左碾脚要协调、要快，方向西。

要点

图 4.46

23. 寒鸦飞空

（1）承上势，右转身，右足向西落步，足尖外展，两手锐向右勾挂，上左步，两手锐继续勾挂。

（2）不停，右足提起向前（西）踹出，足尖外展，左手锐由右胸前向前平刺。手心向上，右手锐经右后向头右前上方刺出。手心向下，高与头平。目视左手锐。（图4.47）

图 4.47

左腿独立要稳，下踹上刺要同时。

要点

24. 黑虎偷心

接上动作，向右后转体，右足向右后落地，足尖外展。左足上步，足尖内扣，右足退步，双手锐随落步转身之势在头前云片（图4.48）。

在退右步时，右手锐向右后撩，手心向后，同时拖右足缩左足。左手锐从右前向前下刺出，虎口向上。眼先看右手，后看左手锐，身前倾。（图4.49）

图 4.48

落步、上步、退拖步约转360度，双手云片、带、撩、刺连续动作要协调完整。右后撩锐要有力。

要点

图 4.49

25. 大鹏展翅

（1）接上动作，左足向左后跨步。右足收左足内侧，微向左闪身，双锐收左腹前。（图4.50）

（2）不停，身微右转，右足向前上步，双锐向两侧伸托，向右转行步。上左步，上右步，走三至五步，目视右手。（图4.51）

图 4.50

26. 乌龙摆尾

接上动作，右足在前时，左足向右前盖步（向西北走倒侧行步），右足向西北退步，左足向右足后插步，右足退步，左足向右足后插步。同时双锐在两侧展开，退右步时，右手外旋锐尖向右肋勾挂，插左步时，左手锐外旋锐尖向左肋勾挂，再重复一次，共二至三次，定势时为插步，两手锐展至两侧。手心向后，目视后手锐。（图4.52）

此动作主要是腰带动四肢摆动，上下肢要协调，走出身法，眼神主要看后手。

要点

图 4.51

图 4.52

图 4.53

27. 怪蟒翻身

（1）承上势，右足向西移步，左足向西上步为弓步。左手锐顺左步于右臂下向前探刺，手心向上，与肩平。（图4.53）

（2）重心右移，左足内扣，重心复移左足，站稳独立，右腿提膝。同时，右手锐随翻身之势从左向前上往右运摆，手心反向上，至右前时，从右向左云片，手心仍向上，高与眼平。而左手锐随翻身，左臂内旋，手心向后。目视前手。（图4.54）

图 4.54

此动作是拧身、翻滚，全身拧为一体。

要点

28. 鹞子翻身

（1）右足向右后落步，足尖外展，右手锐向右后背插，同时身右转，左足上步，足尖内扣为开立步。左手锐随转身向右腋下穿，而右手锐环抱胸前。两手右上左下，手心斜相对。

（2）接上势，左手锐从右臂下向左穿挂，而右手锐先向右带，再手外旋翻手心向上、向左臂下穿出，向上、向右外挂。（图4.55）

29. 海底寻珠

接上动作，右腿下蹲，左腿向左出步为仆步。同时左手锐顺左腿穿出，手心反向上，右手锐落于右胯侧。（图4.56）

图 4.55

图 4.56

30. 螳螂扑蝉

（1）左手锐由左向前、向右画弧，同时左足尖内扣，左手

锐复向外回带收于左胯旁，同时起身，右足跟于左足内侧，足尖点地，而右手锐向前扑按。（图4.57）

（2）不停，右足上步，左足跟步，同时左手锐向前直刺，右手锐收于右腹侧，目视前方。（图4.58）

图 4.57

图 4.58

动作要一气呵成，扑蝉要干脆利落。

要点

31. 金鸡侧翅

承上势，左足向左跨步，右足向左足内侧收为丁步，右手锐由右向前向右小腿外挂截，左锐向左上举摆（图4.59），右足向右跨步，左足向右足内侧收为丁步，左手锐由左上向前、向左小腿挂截，右手锐向右上摆举。（图4.60）

图 4.59

左右闪身，跨步收足，要灵活有神。

要点

32. 乌龙蟠柱

（1）左足摆步，左手锐向左外挂。（图4.61）

（2）右足向前上步，右手锐由右后向前盖锐，左锐收于左腹侧。（图4.62）

图 4.60

图 4.61

图 4.62

图 4.63

（3）左手锐复向上、向右探刺，再向左背后插锐（图4.63），同时，左足极力外摆，身向左拧，下蹲，成半坐盘势。右手锐收右腹前。（图4.64）。

图 4.64

33. 狮子翻身

（1）起身，右足向前扣步，身左转，左手锐随转身之势，从背后向左上外旋上穿，而右手锐从下向左臂下穿出、向右外挂，此时身向左拧，左手锐变手心向上、收于左腰侧。（图4.65）

（2）动作不停，身向右拧，右手锐复向里向右后滚臂、翻手心向上。左锐从左腰向后、向左平伸，手心向上，同时右足随身向前上步。（图4.66）

34. 狮子托球

接上动作，两臂向两侧托出，两手微高于肩，向右行步转圈。目视圈心。（图4.67）

图4.61~图4.67所示为连续动作，要一气呵成，翻身、转身、左旋、右转要走出身法。

要点

图 4.65

图 4.66

图 4.67

35. 拨云见日

接“狮子托球”势，行步走至西北方时，右足上步、足尖外摆，同时右手锐由右向右肋、向后、向头前上方云挂。动作不停，左足上步，左手锐手心向上，由左经胸前向前上刺出，同时身后仰。目视左手锐。（图4.68）

图 4.68

36. 蝴蝶穿花

（1）接上动作，右手锐由头前上外旋，向内、向右、向前画弧翻手心向下，向前平削。同时右足向前上扣步。左手锐下落向右腋下穿出。上左步，足尖外摆，上右步，足尖内扣。左手锐随弧形步边走边穿，右手锐随行步于左手锐交替画弧、回带于右体前。左手在前，手心向上，右手锐在后，手心向下，高与胸平。目视左手。（图4.69）

图 4.69

（2）动作不停，左足向左跨步，左手锐随跨步向左画弧向前平削；同时上摆右步，上扣左步，右手锐随弧形步向左臂下穿出。左手锐回带至左体前，右手在前，手心向上，左手在后，手心向下，高与胸平。目视右手。（图4.70）

图 4.70

（3）不停，右足向右跨步，右手锐随右跨步向内、向右、向前画弧平削，左手锐向右臂下穿出，随弧形步先上左步，后上右步，右手锐带回至右前方。左手锐随弧形步边走边穿，左手在前，手心向上，右手在后，手心向下，高与胸平。目视锐。（图4.71）

图 4.71

> **图4.68~图4.71所示为连续动作，要一气呵成。三个穿花都一样，左右而已。走弧形步，边走边穿。三个方向，大约为南、东北、东南，动作要连续灵活，忽左忽右，变化莫测。**
>
> 要点

图 4.72

37. 左阴阳鱼

承上势，左足向前上步，足尖外摆；同时，右手锐翻手心向上从脑后向前盖锐，左手锐向左后背插，上右步，上左步向左行步转圈。目视前方。（图4.72）

38. 鹞子展翅

接上动作（左行步转圈），走至东北方向时，右足向左足前扣步，左足向左（南）开步，为平马步；同时，两臂合于胸前，再屈肘向两侧顶肘。目视左手锐尾。（图4.73）

图 4.73

> **图4.72、图4.73所示为一连续动作，阴阳鱼的方位为中心，边走两臂边变，展翅顶肘要发劲。**
>
> 要点

39. 天王托塔

接上动作，重心右移，左足摆步，左转身，右足上步（南）为弓步。同时，左手锐向体前掩裹复向左撩出，手心向后；右手锐先右劈，再随右步向前撩出，手心向上与眼平。目视右手。（图4.74）

图 4.74

40. 白蛇吐信

（1）接上动作，重心左移，右足尖内扣，同时右手锐内旋向右后反撩，而左手锐收右肩前。

（2）重心右移，右腿独立，左腿提膝；同时，左手锐向前刺出，手心向上与胸平。目视左手锐，方向朝北。（图4.75）

图 4.75

> **图4.74、图4.75所示为一连续动作，要一气呵成，动作要快，干净利落。**
>
> 要点

41. 玉女穿梭

接上动作，身体左转，左足向左（西）落步，右足向左足前上步。同时，左手锐由胸前顺时针画一小弧，向前刺出，手心向右，与肩平。而右手锐由右向左臂下穿出，架于头前上方，目视左手。（图4.76）

图 4.76

> **转身、上步、架、刺要周身协调，劲力完整。**
>
> 要点

42. 猿猴转身

身体左转，左足向左（东）上步，足尖外摆，左手顺左腿向后反撩；右足顺左足向前（东）上步，脚尖内扣，右手锐随上步向前撩出，手心向上，与头平。目视右手。（图4.77）

图 4.77

43. 猿猴探爪

接上动作，右足扣步，左足向右足（东）后退步，站稳为独立步，右腿提膝；同时，右手锐向前立锐探出速收于右肩前，而左手锐由胸前向前探刺，高与眼平。（图4.78）

图 4.78

44. 猿猴扒杆

（1）接上动作，右足落步，左足上步；同时，左手锐收于肩前，右手锐探出。

（2）左足蹬地，右足跳起，两手在跳步时各画一立圆。（图4.79）

图 4.79

45. 猿猴扑人

接上动作，左足落地，右足在左足前落地；同时，左手探出速收回，右手速收回再探出。目视前手。（图4.80）

图 4.80

图 4.81

图4.77~图4.80所示为一组合连续动作，转身探爪动作幅度要大，有神气。扒杆、扑人动作要灵快，俩手动作在空中完成，向东向西。

要点

46. 背身吐信

（1）接上动作，左足上步在右足前扣步，身右后转，右足摆步。同时，右手锐在扣左足时屈肘收于右肩上，手心向上。

（2）摆右足时向右前刺出，手心向上。（图4.81）

图 4.82

（3）速上左步，足尖内扣；左手锐顺左步向前刺出，手心向下。目视左手锐，方向东北。（图4.82）

47. 麒麟吐书

（1）身体右转，右足经左足后向前上步，为弓箭步；右手锐顺步向前平刺，手心向上。左手锐手心反向上、向左后伸出。（图4.83）

图 4.83

（2）动作不停，摆左足，扣右足。重心移左足为左弓步，左手锐翻手心向上，向左前平刺出，右手锐向右后伸出，手心反向上。（图4.84）

（3）动作不停，重心移右足，右步弓出；右手锐向右探刺，左手锐向左后伸出，手心反向上，前手锐高与眼平，后手锐与胯平。目视前手。（图4.85）

图 4.84

图 4.85

48. 狮子抖翎

重心移中间，两臂发劲，向两侧抖出，目视前方。（图4.86）

图 4.86

图4.81~图4.86所示为一组连续动作，要一气呵成，背身吐信要快速，麒麟吐书为老八掌的顺势掌，是李子鸣老师特有掌法，狮子抖翎是沙国政老师特有掌法，要全身放松、以腰带动，方能抖出抖弹劲，方向为东北。

要点

49. 火炮冲天

左手锐由左向体前掩裹，同时身向左转，左足向左摆步；身体继续左转，右足向左足前上步为扣步，而右手锐从右向脸前掩挂，手心向内，锐尖向上立于头左侧，高于头。目视右手锐。（图4.87）

图 4.87

50. 三盘落地

接上动作，身体继续左转，左足摆步，右足向左足前扣步，左足向东南跨一步为马步；同时，两手锐向两腿外侧截按，低于膝，手心向里。目视前方。（图4.88）

图 4.88

图4.87、图4.88所示为连续动作，就地转一小圈，面向西南方，两手臂边走边变，定势为平马步。

要点

51. 燕子钻天

（1）承上势，右足往右后撤一步，左足向前移为虚步，身向右后闪。同时，左手握锐内旋收于右胸前，复向左上点击，高于头，而右手锐往右后复向头右上、向前刺出，手心向内。目视左手锐。（图4.89）

图 4.89

图 4.90

（2）上动不停，身左转，左足向左后撤一步，右足向左足前上步为虚步。同时，两手锐随撤步、转身之势，右手锐从右经左前向右上方点击，高于头；左手锐从上向左头后向右上反刺，手心向里。目视右手锐。（图4.90）

两点击为高虚步，身略侧仰，调步要轻灵，点击用巧劲。

要点

图 4.91

52. 春风卷柳

（1）右足前移，足尖外摆，右转身，左足上步（西），足尖内扣，右足退步，左足向右足后插步，两手锐随转身之势。两手心相对在头前上方从左向右云削一圈，右手心向下，向右后上方云削高于肩，左手锐云削于右肩前，手心向上，目视右手锐，身微左倾。（图4.91）

（2）不停，身左转，左足向东上步，足尖外摆，右足向左足前上步，足尖内扣，左足往东退步，右足向左足退插步。同时，两手锐手心相对，从右向左云削一圈后，左手心向下。向左后云削，高于肩，右手锐收于左肩前，手心向上。目视左手锐。（图4.92）

图 4.92

两手云摆与身法步要协调，圆活完整。

要点

53. 龙飞凤舞

右足向前上步，左足向右足绕上一步，足尖内扣，身从左向右转，两手锐，左手心向下在上，右手心向上在下于头前随步云带，左手锐收左下，右手置右前上方。（图4.93）

图 4.93

54. 黄龙探爪

右足向后退，右手锐向前探出，复向右侧勾爪下落，同时左手锐向前探出，左足尖碾正。（图4.94）

图 4.94

55. 指南金针

左手锐向回勾爪，右手锐向前刺出与胸平，手心向左，同时左足变为虚步，头向左扭转，目视前方。（图4.95）

图 4.95

> **图4.93~图4.95所示为连续动作，上下肢要协调，动作要清晰、有神。**
>
> 要点

56. 双龙入海（收势）

左足前移，右足向前上步为开步，双锐向前刺出，手心相对与胸平（图4.96）。两手握锐收于两腿外侧，手心向内，左足向右足并步。目视前方。（图4.97）

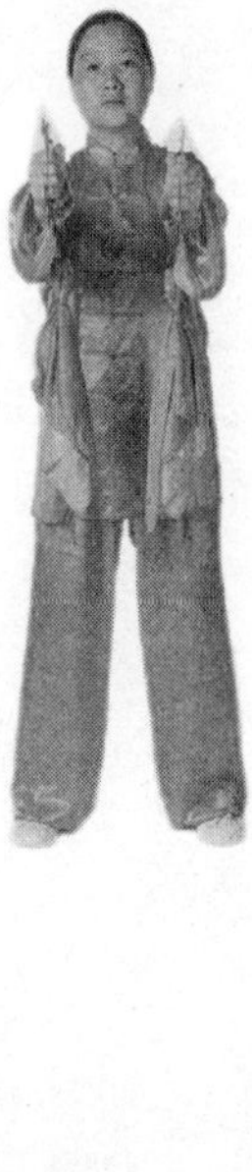

图 4.96

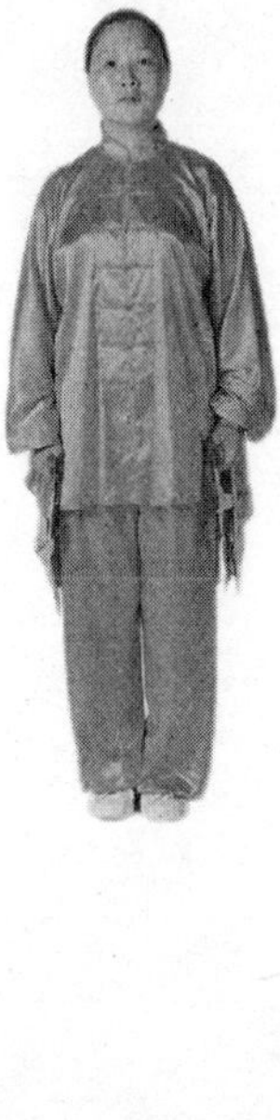

图 4.97

第五章 八卦风火轮

一、动作名称

1.预备势

2.青龙飞升

(右独立亮轮)

3.潜龙下降

(左仆步铲轮，东)

4.青龙翻身

（左翻身片轮）

5.猛虎出柙

（弓步刺轮，东）

6.海底捞月

（左转身撩轮，西）

7.日月争明

（右转身撩轮，东）

8.青龙滚身

（右滚身轮）

9.懒龙卧道

（左插步右削轮）

10.右狮子张口

（右行步转圆）

11.狮子戏球

（左右掩挂轮，西）

12.白马铲蹄

（丁步切轮）

13.猛虎出柙

（上步刺轮，西）

14.青龙滚身

（左滚身轮）

15.懒龙卧道

（右插步左削轮）

16.左狮子张口

（左行步转圆）

17.游龙戏水

（行步撩劈轮）

18.狮子劈山

（左双劈轮）

19.推山入海

（右翻身撩刺轮）

20.风卷残云

（右转身平削轮）

21.狮子回头

（行步带轮）

22.推山入海

（左翻身撩刺轮）

23.麒麟吐书

（右独立穿轮）

24.狮子滚身

（左滚身撩劈轮，东）

25.玉虎旋风

(左右独立云削轮)

26.海底捞月

(左转身右撩轮，东)

27.狮子戏球

（左右掩挂轮）

28.天边扫月

（左右劈轮）

29.狮子摇头

（左右挂轮）

30.白马铲蹄

（右下切轮）

31.乌龙蟠柱

（左磨身轮）

32.狮子翻身

（左右云片轮）

33.大鹏展翅

（右行步转圆平托轮）

34.黑虎偷心

（右后撩轮）

35.狮子抱球

（右插步左掩轮，面向南）

36.狮子抱球

（左插步右掩轮，面向南）

38.猛虎扑食

（左右盖铲轮）

37.野马掀蹄

（左侧蹬腿，西）

39.雄鹰展翅

（前后双劈轮）

40.大蟒翻身

（左翻身轮）

41.猛虎出柙

（上步刺轮）

42.天马行空

（左拧身行步转圆）

43.走马回头

（右行步带削轮）

44.黄龙探爪

（右转身双铲轮，面向南）

45.狮子抖翎

（左独立步）

46.青龙翻身

（左转身撩劈轮）

47.青龙入海

（左右撩挂轮，南）

48.收势

二、动作图解

1.预备势

面向南并步站立，两手握轮于两腿外侧，手心向内，目视前方。（图5.1）

图 5.1

（1）起势（青龙出海）。

（2）左虚步上刺轮，右足向后退一步，而左步为虚步，同时，右手握轮向体前掩拨，再复向右、向内、向上穿轮，轮前尖向上，于头右前上方，手心向左。而左手握轮向体前掩拨落于左胯，胯手心向内，目视前方。（图5.2）

图 5.2

双轮掩拨要与步的虚实变化协调一致。

要点

2.青龙飞升（右独立亮轮）

左足前移半步，右足向前上一步，右脚独立，左腿提膝。同时右手握轮从上向下、向右、向上举于头右上方，手心向前。左手握轮向前掩轮于右胸前。手心向内，目视左方。方向为正南。（图5.3）

图 5.3

上下肢动作要协调，亮轮与眼神要有气势。

要点

3.潜龙下降（左仆步铲轮，东）

右腿下蹲，左腿向左（东）仆步，同时左轮顺左腿向左铲出，手心向下，右轮手心向上、向右斜上铲出，高于头，目视左手。（图5.4）

图 5.4

4.青龙翻身（左翻身片轮）

（1）右足向左足前上步为弓步，右轮随上右步，向前铲出，手心向上，高与肩平。左轮收于右臂上方，手心向下，目视右手。（图5.5）

图 5.5

（2）重心左移，右足内扣，重心复移右腿独立，左腿提膝。同时身向左翻转，左轮随翻之势经头前上方向左前方旋片，手心向上，高与眼平。右臂内旋肘微屈置于右后方，手心向后，目视左轮。（图5.6）

翻身时，身后仰，要有滚劲，身体要自然，定势方向向西。

要点

图 5.6

5.猛虎出柙（弓步刺轮，东）

左腿向后（东）落步，右足向左足前上步为右弓步，同时左轮随左步先外旋滚臂，再向左上撩出至头左上方。手心向右，右手轮随右足上步向前立轮刺出，手心向左，目视右轮。（图5.7）

图 5.7

6.海底捞月（左转身撩轮，西）

左转身180度，左足向左后摆步，左轮向左后反撩于左上方，手心向外，右步向前上步为弓步，右臂外旋向前撩出，与肩平，目视右轮。（图5.8）

7.日月争明（右转身撩轮，东）

（1）左足向右足前上步，足尖内扣，面向北方，两手握轮于腹前交叉，右手在外，两手心向内。（图5.9）

（2）右足向右前上步为弓步，两轮同时向前后撩出，手心均向后，目视右轮。（图5.10）

方向东，右手高于肩，左手低于肩，目视右轮。

要点

图 5.8

8.青龙滚身（右滚身轮）

左足向右足前（东）上一大步，足尖内扣，右足向左碾步，两足为开步；同时左轮随上左步

之势插于右腋下，身向后仰，右轮上举，向右滚身时，左轮收于右肋，目视右轮。（图5.11）

> **滚翻之势，上下肢要协调，全身滚为一体。**
>
> 要点

9.懒龙卧道（左插步右削轮）

承上势，右足向右后退步，左足向右足后插步，同时两轮从右经头上向前向右云一圈，随插步之势向右削出，高与眼平，右轮在前，手心向下，左手在后，手心向上，目视右轮。（图5.12）

> **削出方向为东偏北。**
>
> 要点

10.右狮子张口（右行步转圆）

（1）起身向左转身，左足向左前上步，右足收于左足内，不落地，左轮内旋翻手心向下，向左削带，于左肩侧，右轮外旋削带收于左胸前。

（2）不停，右足上步，足尖微扣，右轮从前向右铲出，高与肩平。左轮举于头左前方，高于头，为狮子张口势，向右行步转圆，目视右轮。（图5.13）

图 5.9

图 5.10

图 5.11

图 5.12

图 5.13

图 5.14

图 5.15

图 5.16

图 5.17

狮子张口势，右轮手心向上，左轮手心斜向下，右手对圆心，行步要稳，步数不拘多少，全身拧向中心。

要点

11.狮子戏球（左右掩挂轮，西）

行至左足在前时，右足向前上半步，不落地复向后退半步（图5.14），同时右轮向体前挂掩，再退左步，左轮向体前挂掩，目视双轮。（图5.15）

12.白马铲蹄（丁步切轮）

承上势，右足收于左足内侧，同时右轮臂内旋，由前向右足前下铲出，手心向内，轮面向下，左轮架于左上方，手心斜向外，目视右轮。（图5.16）

图5.14~5.16所示为连续动作，挂掩要走出身法，有左顾右盼之意。

要点

13.猛虎出柙（上步刺轮，西）

右足向前（西）上步，足尖外展，右轮撩于右前上方、高于头手心向左。左足向前上步，为弓步，左轮随左步立轮向前刺出，虎口向上，高与胸平，目视左轮。（图5.17）

14.青龙滚身（左滚身轮）

（1）右足向左足前上步，足尖内扣，左足跟右碾，两足为开步，同时右轮随右足上步之势向前刺出。

（2）不停，两轮上举，随之身后仰，两手心相对，向左翻滚时，右轮收于左肋，手心向内，目视左轮。（图5.18）

滚翻之势上下肢要协调，全身滚为一体。

要点

15.懒龙卧道（右插步左削轮）

左足向左后退步，右足向左足后插步，同时两轮从上向左经头上向后、向右、向前、向左平削轮，左轮手心向下在前，右轮手心向上于胸前，高与眼平，目视左轮。（图5.19）

全身要协调，削出方向为西偏南。 ☯要点

图 5.18

16.左狮子张口（左行步转圆）

（1）起身，身体右转，右足向右前上步，左足随右步收于右足内侧不落地，同时右轮翻手心向下、向后上方削带，左轮翻手心向上，向右肩前削带。

图 5.19

（2）不停，左足向左前方上步，足尖微扣，左轮从右肩向圈心方平铲托出，与肩同高，右轮举于头右上方，手心向内，此为狮子张口势。向左行步转圆，目视左轮。（图5.20）

行步转圈，步子要稳，不能有起伏。 ☯要点

图 5.20

17.游龙戏水（行步撩劈轮）

（1）左转行步走至左步在前时，左足外摆，左轮向左后劈轮（东）。（图5.21）

（2）右足向前（南）上步，足尖外摆，右轮向右后（西南）劈轮。（图5.22）

图 5.21

图 5.22

图 5.23

（3）左足向左前（东北）上步，足尖外摆，左手先外旋向胸前掩轮，后内旋向东北反撩轮，手与肩平。（图5.23）

（4）右足向前（东北）上步，右轮向前（东北）撩轮，手与肩平。两手心均向外，目视前轮。（图5.24）

行步路线是从西北向南再向东北，行步步数不拘，轮随身走，身随步翻，步随轮转，要走出身法，如游龙戏水。

要点

图 5.24

18.狮子劈山（左双劈轮）

行步撩轮右足在前时，左足上步，足尖内扣，双轮同时由前往右、往上、向左后劈轮。左轮在前，手心向前，右轮在后，手心向内，两手虎口均向上，目视左轮。（图5.25）

双劈轮，为左步在前，向左后拧身回劈，为金狮回头势。

要点

19.推山入海（右翻身撩刺轮）

（1）承上势，身体右转，右足上步，足尖外展，左足上步，在右足前扣步，同时双轮从左后经前、右、上左前云削一周，至体前。（图5.26）

图 5.25

图 5.26

（2）右足向东北上步，足尖外展，右轮向右前上撩轮，手心向内，左足向东北上步，左轮随左步向前（东北）刺出，手心向右，高与肩平，目视左轮。（图5.27）

图 5.27

云削轮要以腰为轴，仰身拧翻走转，右轮先内旋后外旋撩轮。

要点

20.风卷残云（右转身平削轮）

承上势，身向右转，左足往右足前绕扣一大步，右足向右后撤一步，站稳，左腿提膝为右独立步；同时两轮随步，由前经右、上、左、前云一周，向右后方削轮，高于肩。右手心向下，左手心向上，右轮在前，左轮在后（体前），目视右轮。（图5.28）

图 5.28

动作要快，两轮云削如风一样，要有威力，有神气。

要点

21.狮子回头（行步带轮）

承上势，左足向前（西）落步，右足向左足前上步，连走三至五步，同时，左轮内旋翻手心向下，右轮手心向上，随左行步平削领带，与肩平，眼看后手（右）。（图5.29）

图 5.29

左行步为左弧形步，方向为西偏南，要走出行如游龙之意。

要点

图 5.30

22.推山入海（左翻身撩刺轮）

（1）左行步，行在左足在前时，右足向左足绕扣一步，两轮随上扣右步之势，从右向左翻身，双轮随身从右经前向左云削。（图5.30）

（2）不停，左足向前（西北）上步，左轮撩架于头侧上方，手心向右，右足向前（西北）上步，右轮顺右腿向前刺出，右手虎口向上与肩平。目视右轮。（图5.31）

> **翻身云削轮要以腰为轴，带动全身拧翻。**
>
> 要点

图 5.31

23.麒麟吐书（右独立穿轮）

（1）承上势，左转身，右足向前上步，足尖内扣，右轮随左转身，从右向左云削，左足摆步，双轮继续向头上、向右云削。（图5.32）

（2）右足上步，（西）足尖内扣站稳独立，左腿提膝，右轮随转身外旋从左臂下向上穿出，于头右上方，手心向前，左轮收于右胸前，手心向内，目视右前方。（图5.33）

> **左转身450度，身体向南方，独立要有独占鳌头之气势。**
>
> 要点

图 5.32

图 5.33

24.狮子滚身（左滚身撩劈轮，东）

（1）左足向前落地为仆步。（图5.34）

图 5.34

（2）起身，右足向上步。

（3）不停，身左转向北，同时，右足内扣，双轮随翻身之势，向上摆举，左手心向前，右手心向后，宽于肩，向后仰。（图5.35）

图 5.35

（4）左足向右足后退步（图5.36），右足向左足前上步，为龙形步，两轮随步，左轮撩至头左侧，手心向外，右轮顺右步向前（东）撩出，手心向上，与肩平。目视右轮。（图5.37）

> **撩劈是在空中抡一个360度的立圆，第二个翻身为450度。两个翻滚是从西向东。**
>
> ☯要点

25.玉虎旋风（左右独立云削轮）

（1）左足向左前摆步，右足向左足前扣步，两手均内旋翻手向下，两轮从右向体前削带（图5.38），左足向后撤步，站稳为独立步，右腿提膝（图5.39），左手先外旋后内旋，右手外旋，在体前顺时针云磨一圈后，随独立之势向左后削带，与肩平，目视左后方（左轮）。

图 5.36

图 5.37

图 5.38

图 5.39

图 5.40

（2）右足向前（西）落步，左足向右足前上一大步，足尖内扣，两轮从左向体前削带，手心均向下，右足向后（西）撤步，站稳为独立步，左腿提膝，右手先外旋，后内旋，左手外旋，在体前逆时针云磨一圈后，随独立之势向右后削带，与肩平，目视右后方（右轮）。（图5.40）

两个云磨削带轮，动作一样，左右而已，从左势变右势要上大步，拉开距离。云磨削轮要圆，动作要大方、有力。

要点

图 5.41

26.海底捞月（左转身右撩轮，东）

左转身，左足向左前（东）落步，左轮手内旋向前撩出，于头左侧上方，手心向外，右足向左足前上步，右轮手外旋顺右腿向前撩出，手心向上。目视右轮，方向为东。（图5.41）

27.狮子戏球（左右掩挂轮）

（1）左转身，右足尖内扣，右手轮随转身之势向体前掩挂。手心向内。（图5.42）

（2）左足向后（东）退步，左轮随转之势向体前掩挂。手心向内。（图5.43）

（3）再向后（东）退右步，右轮再次向体前掩挂。（图5.44）

图 5.42

图 5.43

图 5.44

身法要活，两眼要有神，上下肢要协调。面向西往东退步。

☯要点

28.天边扫月（左右劈轮）

承上势，身体右转，右足尖外展，右手轮由体前往右上劈轮（图5.45），手心向外，高于头，左足内扣，左轮经体前向左上劈轮，手心向外，高于头。（图5.46）

图 5.45

29.狮子摇头（左右挂轮）

承上势。右足活步，足尖外展，右手轮从下向右上往后挂轮（图5.47），手心向后，左足活步，足尖外展，左轮由前下向左上、向后挂轮。手向左后方。（图5.48）

图 5.46

左右挂轮，要以腰带臂。

☯要点

30.白马铲蹄（右下切轮）

承上势，右足向左足前扣步，右轮从右向上、向右腿外、向下切铲。轮面向下，左手轮从左后经头上向前铲出，手心向下，轮面向前，身微向右倾。（图5.49）

图 5.47

图 5.48

图 5.49

图5.45~图5.49所示动作要连贯。劈、挂、切、铲、摆足、扣足时，要以腰带动四肢，走出身法，上下要协调。

要点

图 5.50

31.乌龙蟠柱（左磨身轮）

身左转，左足提起向左摆步，左轮手外旋向左肋磨挂轮，举于左后上方，手心反向上，而右轮手外旋收于右腹前，手心向上，目视左轮。（图5.50）

左轮手先外，后内旋，身体随磨挂轮半坐盘向左拧，身前倾，眼看左后上方左轮。

要点

图 5.51

32.狮子翻身（左右云片轮）

承上势，右足向左足前上步，足尖内扣，同时，左手轮由左后向前、向右往头上云片，右手轮向左臂下穿出，向前、向右往头上云片。（图51）

左右云片，以腰为轴，云片幅度要大。

要点

图 5.52

33.大鹏展翅（右行步转圆平托轮）

承上势，双轮云削片后合于胸前，两手心均向上、向身体两侧托出，与肩平，右轮正对圆心，向右行步转圆一周，目视右轮。（图5.52）

走蹚泥步，步要稳，不能有起伏，有行如游龙之势。

要点

34.黑虎偷心（右后撩轮）

（1）承上势，右行步转圆一周时，右足向左足前上步，足尖外展，左足向右足前扣步，身向右转半圈。（图5.53）

（2）不停，右轮向右云一圈，左轮收于右胸前，右足向后退步，右轮向右后撩出，手心向里，左足向回缩步，左轮手心向上、向前铲出，眼先看右轮，后看左轮。（图5.54）

图 5.53

右轮后撩时，右足落地后再向后拖步，后撩与拖步要同时。

要点

35.狮子抱球（右插步左掩轮，面向南）

（1）左转身，左足向左前摆步，右足向左足前大扣一步，同时两手握轮，顺左转身之势，向体前云片，左手轮翻手心向下，由前向右臂下削轮，右手轮手心向下，由后经右向前、向左平削，双轮在体前交叉，手心均向下，右轮在上。（图5.55）

图 5.54

（2）左足向左后撤步，双轮在体前各云片一周，手心均向上，左手在左前方，右手在右前方，目视右轮。（图5.56）

图 5.55

图 5.56

图 5.57

（3）不停，右足向左足后插步，右轮向左腹前平削，手心仍向上，左轮由左向体前掩裹轮，手心向内，轮圈对面部，目视前方。（图5.57）

36.狮子抱球（左插步右掩轮，面向南）

（1）右足向前（西）上步，足尖外展，右手轮向右前平削，左轮翻手心向下、向左平削。左足向右足前上一大步，足尖内扣，身体右转，两轮随转身之势平削于体前交叉，手心均向下，左手在上。（图5.58）

图 5.58

（2）右足向后撤步，双轮左右平削，手心均向上。（图5.59）

（3）左足向右足后插步，左轮收于右腹前，手心向上，右轮由右向体前掩裹，手心向内，轮圈对面部，目视前方。（图5.60）

左右掩轮，各转体一圈，两轮各云削一圈，为磨身之打法，与磨身掌一样。

要点

37.野马掀蹄（左侧蹬腿，西）

起身，扣右足左腿向左侧蹬出，身向右倾，左轮随左腿向左平铲，右轮向右平铲，手心均向下，目视左方。（图5.61）

图 5.59

图 5.60

图 5.61

右腿站稳，左腿蹬平，两轮平铲与蹬腿要同时。

要点

38.猛虎扑食（左右盖铲轮）

（1）承上势，左转身，左足向左（西偏北）落步，足尖外展，左轮手外旋，经右上，向左（西偏北）反盖轮，手心向上，高与眼平。（图5.62）

图 5.62

（2）不停，右手轮由右后经头向前盖轮，手心向下，高与肩平（图5.63）。左轮由前往后经头向前平铲轮，手心向下，与头平，同时右足向前上步，左足跟步，为三体式步，目视前方。（图5.64）

图 5.63

连环盖铲轮，三动作要快速、有力。

要点

（3）身体向右转，右足向右摆步，右手轮随转身经上向后（东偏北）反盖轮，手心向上，高与眼平。（图5.65）

（4）不停，左手轮由左经上向前盖轮，手心向下，与肩平（图5.66）。右轮由前往右后，经

图 5.64

图 5.65

图 5.66

图 5.67

上向前平铲轮，高与头平，手心向下，同时上左足，跟右步，目视前方。（图5.67）

前三盖铲轮与后三盖铲轮要一气呵成。前三盖铲轮方向西偏北，后三盖铲轮方向东偏北。

要点

39.雄鹰展翅（前后双劈轮）

右足向前上一步站稳（图5.68），左腿提起向前上撩踢，与腰平。同时两轮由胸前分开，左轮向左后反劈，右轮向前反劈，手心均向后，身向左后仰平衡，眼看左轮。（图5.69）

图 5.68

上下肢要协调，侧身后仰，看左轮，左手与头平，右手与腰平，方向西南，脚向东北。

要点

40.大蟒翻身（左翻身轮）

（1）左足向后落步，身向左滚翻，右足向左足前上一步，右轮手外旋，手心向上，于左轮下向前铲出，与肩平。（图5.70）

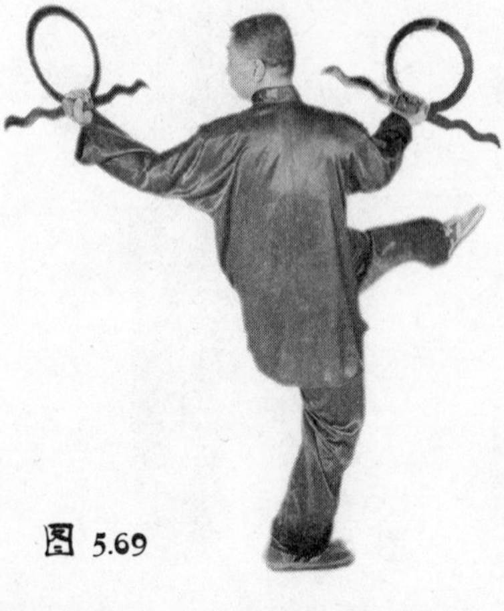

图 5.69

图 5.70

（2）不停，重心微左移，右足尖内扣，重心复移于右足，站稳，身向左后拧翻。同时左腿提膝，成右独立步，同时左轮手随翻身之势，先内旋后外旋向前云片，手心向上，高与眼平。右轮在左轮旋片之际手内旋，手心向后撩于右后方，目视左轮。（图5.71）

图 5.71

上下肢拧旋要随翻身变换，全身滚动翻转，方向北偏东。

要点

41.猛虎出柙（上步刺轮）

承上势，左足向身后落步，右足向左足前上步，同时左轮随左步由前上向左肋磨挂，再拧臂挑轮于头左上方，手心向右。右手轮随右步经腰侧向前刺轮，手心向左，目视右轮前尖，方向南偏东。（图5.72）

图 5.72

42.天马行空（左拧身行步转圆）

（1）身微右转，左轮手外旋向左前伸出，右手轮向右侧上方伸举。（图5.73）

图 5.73

（2）不停，身体再左转，同时左足向左前上步，足尖外摆，左轮向内回勾，右足向左足前上步，足尖内扣，开始向左拧身，行步走转。同时左臂向左磨肋、滚臂、钻轮，右轮由后上随拧身走转向左臂内侧下按，行步步数不拘，至左手轮，手心向上，右轮手心向内，目视左方圆心。（图5.74）

此动作要走出八卦拧旋走转，滚钻争裹之劲力，全身拧向中心。

要点

图 5.74

43.走马回头（右行步带削轮）

承上势，（左转行步）右足向右摆上一步，左足向右足前扣步，两轮顺时针在头前云削一圈。右轮向头右上方向左铲出，手心向内，轮面向左，左轮由右前向左前方托出，手心向上，高与眼平，眼看左轮，向右行步转圆带轮。（图5.75）

左行步转右行步，摆右足，扣左足，与双轮云片腕花要协调，向右行步，上身向左拧看左轮。

要点

图 5.75

44.黄龙探爪（右转身双铲轮，面向南）

（1）右行步至西南方（右足在前时），左足向北方大扣一步，转面向南，右足收丁于左足内侧，同时两轮收至腹前。（图5.76）

（2）右足向前上步，左足向前跟步，双轮向前铲出，右前左后，手心斜相对。力在前轮面，高与肩平，目视双轮。（图5.77）

右转身、收足、收手要快，向前刺轮要猛。

要点

图 5.76

45.狮子抖翎（左独立步）

承上势，左足稍后撤站稳，右腿提膝，同时右臂前伸，手心向上，平铲轮，而左手轮撩于左后方，手心向后，目视右轮。（图5.78）

抖翎发劲要全身放松，以腰带动发力，行于手轮，劲要松弹。

要点

图 5.77

46.青龙翻身（左转身撩劈轮）

（1）左转身，左足向后（北）退步，足尖外展，右足向左足前上步，足尖内扣。同时，左手轮随左步向后撩轮，手心向后，右手轮随上右步，向前（北）撩轮，手心向外。（图5.79）

（2）不停，继续向左翻身（南）（图5.80），左轮随翻身之势，向前、向左抡劈，右轮随翻身之势向前抡劈（图5.81）。

47.青龙入海（左右撩挂轮，南）

承上势，右轮从上向前往右下掩挂。不停，右手轮外旋向内画弧、再向上穿出，手心向左，于头右上方。左手轮由左向体前掩挂，收于左胯前，目视左方（东）。（图5.82）

48.收势

左足向前移步，右足向前，与左足并步。同时双轮随并步向前方刺出，手心相对，高与胸腹平。双手握轮收于两腿外侧，手心向内，目视前方。（图5.83）

图 5.78

图 5.79

图 5.80

图 5.81

图 5.82

图 5.83

第六章 子玄剑

一、运动特点

子玄剑术是我数十年在教学体悟中将太极、形意、八卦内家拳三种拳融为一体的一门剑术。其特点是：

1.该剑术内容丰富，富有哲学、武学、医学、美学等文化内涵。

2.剑法清晰，动作舒展奔放，潇洒流畅。剑随身走，身随步翻，步随剑换，势如龙游大海。具有动作美、姿势美、内在美的特点。

3.动作虚实变化、动静结合、升降起伏、快慢相间，体现了太极之阴阳变化之道和五行生克制化、八卦变易之理；行则动，动则变，变则化，变化无穷。

4.全套路由始至终要求全神贯注、气势饱满、一气呵成。以心为令，以气为旗，神为主帅，腰为驱使，以达到上下相随、协调完整、刚柔相济、内外合一。

二、动作名称

1.预备势
2.起势
3.仙人指路（东）
4.仙姑抱月（南）
5.猛虎伏隅
6.黑虎出洞
7.马前斩草（东）
8.马后挥鞭
9.丹凤别翅
10.苍龙啸海
11.狮子翻身
12.仙童抱琴
13.乌云罩顶
14.狮子揉球
15.狮子抖翎
16.金蛇伏地
17.拔草寻蛇
18.怀中抱月
19.麒麟吐书
20.乌龙绞柱
21.天王托塔
22.马上开弓
23.盘缰勒马
24.鱼跳龙门
25.青龙回首
26.大鹏展翅
27.玉虎旋风
28.天边摘月
29.海底寻珠
30.大蟒翻身
31.凤凰展翅
32.顺风摆柳
33.懒龙旋窝
34.乌龙摆尾
35.行步撩衣
36.犀牛望月
37.风卷残云
38.毒蝎反尾
39.魁星北斗
40.左右挂花
41.青龙滚身
42.蜻蜓点水
43.紫燕侧翅
44.游龙沧海
45.金蝉脱壳
46.天马行空
47.踏雪寻梅
48.金花落地
49.指月观辉
50.龙飞凤舞
51.夜叉探海
52.雄鹰探爪
53.白猿摘桃
54.马上挥鞭
55.狮子抱球
56.狮子劈山
57.游龙戏水
58.青风穿堂
59.凤凰点头
60.回身取宝
61.走马回头
62.云烟盖顶
63.收势

三、动作图解

图 6.1

1.预备势

面向南，两脚并步站立，两臂自然下垂于身体两侧；左手反握剑贴左臂后，剑尖向上。目视前方。（图6.1）

2.起势

（1）虚步穿指，身体右转，右脚向右后退步，右手变剑指由腰侧向前经腹前（手心向上）向右、向上、向胸前画弧至手心向前。同时，左脚变为虚步，不停，右手又向右、向下、向内、向上穿出，高于头，手心向左，身微上升，头左转。目视左方。（图6.2、图6.3）

图 6.2

（2）并步亮指，左脚前移，上右步，并左步。同时，右手向体前下落，再向右、向上方抖腕亮指。目左视。（图6.4）

3.仙人指路（东）

上左步，身体左转，左手握剑向左撩出，手心向北；上扣右步，右手由腰侧向前（东）指出，手心向北；左脚丁步于右脚内侧，左手继续向左上画弧，剑柄向上，面向北。目视右指尖。（图6.5）

图 6.3

图 6.4

图 6.5

4.仙姑抱月（南）

左脚向左摆步，右脚跟离地，身向南左扭；左手剑收按腹前，右手剑指经头上至额前，手心向前，面向南。目视前方。（图6.6）

图 6.6

5.猛虎伏隅

左手翻转手心向上，右手接剑，收于右胯旁，同时退右步，左手变剑指，向前指出，手心向下，与腹平。面向东。目视左剑指。（图6.7）

图 6.7

6.黑虎出洞

左脚上步，右脚并步，右手握剑由右腰侧立剑向前刺出，高与胸平，左手扶右腕。目视剑尖。（图6.8）

图 6.8

7.马前斩草（东）

上左步，跟右步，成三体式。同时，双手握剑把立剑带至右肩前，再由右上方向前斜劈出。目视剑。（图6.9、图6.10）

8.马后挥鞭

身体右后转，扣左脚，右脚向后摆步；同时，右手向后反劈剑，左手置于左方，手心向外。面向西，目视剑尖。（图6.11）

图 6.9

图 6.10

图 6.11

图 6.12

9.丹凤别翅

上左步，叉右步，上体左扭，双手执剑把立剑向左后方斜劈出。剑尖高与眼平。（图6.12）

10.苍龙啸海

身体由左后向右翻身，剑随身向右上运转至头上方，向西南上右步站立支撑，提左膝；右手握剑向西南提腕点出，左手剑指撑于左上方，手心向外。面向西南，目视剑尖。（图6.13）

图 6.13

11.狮子翻身

右手画弧向西南劈剑，左脚向后落步，左手落至右胸前，眼注剑尖，向东上扣右步；剑随身由右向左大翻身，翻至极处,猛向西回头，剑向体前剁出，剑力达中后刃。左手剑指亮于头左上方。面向西，目视剑尖。（图6.14、图6.15）

12.仙童抱琴

右手顺时针画弧，剑收左肋侧，左剑指扶剑首，剑尖向右上；同时，落退左脚，收右脚为丁步，如怀中抱月。目视剑身。（图6.16）

图 6.14

图 6.15

图 6.16

13.乌云罩顶

向右摆右脚，上扣左脚；同时，右手握剑在头上方向右后云剑一圈，左手由右肩前再反插于左肋。面向南，目平视前方。（图6.17）

14.狮子揉球

摆右脚，扣左脚；两手斜抱于体前，左手剑指在上。面向西北。目平视。（图6.18）

15.狮子抖翎

右足向东迈一大步，身体右转，重心右移，成右弓步。右手平剑向东偏南抖出，手心斜向上与眼平；左手至左胯后方。面向东偏南约15度。目视剑尖。（图6.19）

16.金蛇伏地

右脚向后退步，身体下蹲为歇步。右手扣腕下压剑（东偏北）；左手剑指至左额上方，手心向上。目视剑尖。（图6.20）

图 6.17

图 6.18

图 6.18 背面

图 6.19

图 6.20

图 6.21

图 6.22

图 6.23

17.拨草寻蛇

起身，右脚上为虚步，右手立剑提于胸前，左手举于左侧方；移右脚，剑由右向左画平圈，再上左步，上右步，重复三次。左手侧举左侧微微摇动，此三步由腰带动四肢摆动。方向东偏北。目注剑动。（图6.21~图6.23）

18.怀中抱月

重心左后移，同时右手剑收左肋前，剑尖向右上，左手扶右剑柄。（图6.24）

19.麒麟吐书

重心前移，右腿支撑，左腿提膝。剑向前斜上刺出(东偏北)，高与头平；左手剑指扶左大腿上方，手心向下。目视右手。（图6.25）

20.乌龙绞柱

左脚向左后落步，右手剑向左下落，再向右下画弧截出于右腿外。同时，左手由右臂里向上穿出亮于左额上方，手心向外；右脚为虚步，面向东南。目视右前方。（图6.26）

21.天王托塔

身体右转，右脚后退，剑向右上方后劈下落，身体左扭，右手握剑由下向前托出(东)。摆左脚拧身成龙形蹲步，左手随右肩向前、向上画

图 6.24

图 6.25

图 6.26

弧，再向左上撑出，手心向外。身体向北，面向东。目平视。（图6.27、图6.28）

图 6.27

图 6.28

22.马上开弓

身体左转，上右步为马步，右手握剑由右向内、向右下方截出，剑尖低于膝；左手由内画弧后撑于左后上方。目视右手。（图6.29）

23.盘缰勒马

活右脚，身体右转，右手剑反劈，退右步，右手挽剑花收于身体右侧，左手剑指收于体左侧。目平视。（图6.30、图6.31）

24.鱼跳龙门

上右步，双手捧剑于胸前，再向前下画小弧捧于脸前，松腕使剑尖向斜下。同时，重心前右移，上跳左步，剑微收下落，再向前斜下刺出。同时，上右步为弓步，左手举于左后上方。目视剑尖。（图6.32、图6.33）

图 6.29

图 6.30

图 6.31

图 6.32

图 6.33

图 6.34

25.青龙回首

扣右脚，身体后转向西，剑向上、向左下劈为左弓步。重心后移，右腿独立，左腿提膝；右手握剑上举于头前上方，剑尖向西；左手剑指向西指出。面向西，目视剑指。（图6.34、图6.35）

图 6.35

26.大鹏展翅

左脚向左落下，右足向前上步，左手由左向里、向左、向外画平弧，右手握剑由左臂下穿出，向右平托剑，剑尖向圈心，左手向左撑出。上右步，上左步，向右走圈共六步。（图6.36）

图 6.36

27.玉虎旋风

承上势，向右行步转圈，第六步右足扣步，左足摆步向左转圈，共走四步；右手剑随身在头前上云剑，左剑指在右臂下穿云。目平视。（图6.37）

28.天边摘月

承上势，上左步，右脚向前（西）上点出，高于头。同时，右手剑从右上方向前片出，手心向上，高于头；左剑指扶右小臂。目视右手剑端。（图6.38）

图 6.37

图 6.38

29.海底寻珠

右脚向后落下成仆步(向东)；右手握剑顺右腿穿出，左手落于左腰间。面向东。目视剑尖。（图6.39）

图 6.39

30.大蟒翻身

承上势，左脚向右脚前上步，脚尖内扣，左剑指随上左步于右手剑下向前穿出，手心向上。不停，重心右移扣左脚，向右翻身，左脚站稳为独立步，右腿提膝，同时，右手剑从左经头前上向右前上片出，手心仍向上，与眼平，左剑指随翻身之势内旋，手心向左侧后方，目视右剑，方向西。（图6.40、图6.41）

图 6.40

图6.36~图6.41所示五动作为连续动作，要一气呵成。

要点

31.凤凰展翅

右脚向右后落步，左腿提起盘于右大腿上，同时两臂分展于两侧，手心向下。身体向北，面向东，目视右剑。（图6.42）

图 6.41

32.顺风摆柳

左脚向左落步，身体左转，上右步，上点左脚，同时右手握剑，手心向下，在右侧随上步之势，摆动三次，目随剑行。（图6.43）

图 6.42

图 6.43

图 6.44

33.懒龙旋窝

右脚落步，左脚轻点，身左拧，右手握剑经体前向左绕行，面向西，目视前方。（图6.44）

34.乌龙摆尾

退左步，退右步，站稳，左腿后勾。同时随退步之势，右手握剑由右向左肩外下落，经身体前绕行向右后劈点，面向东北，目视剑尖。左手剑指在左额上方，手心向上。（图6.45）

以上三个动作要协调连贯，一气呵成。

要点

图 6.45

35.行步撩衣

左脚落步，右剑画小弧向后劈，身体左转，上右步为虚步，右手握剑从右后向前上撩出，左手剑指随转体置于身体左侧。（图6.46）

36.犀牛望月

插左步，身体后拧，右手握剑由右向左、向下画立圆，然后向右上反撩出，左手同时画弧至左额侧，头向后拧转看剑。身体向南，面向西。（图6.47）

以上两个动作要连贯不停，一气呵成。

要点

图 6.46

图 6.47

37.风卷残云

左后转身360度，上右步为弓步，两臂交叉画弧经胸前过头旋片，面向西，右手在前，左手在左后方。（图6.48、图6.49）

38.毒蝎反尾

右手握剑挽花，身体右转180度向右后撩崩剑，同时摆右脚，上左步插右步为歇步。面向东。（图6.50、图6.51）

39.魁星北斗

两脚碾转，右手握剑向右下、向后上挂剑从头上向前刺出。左手剑指在右剑下挂时扶腕，再至胸前最后收于右肩下方。同时左腿提起，右腿独立。面向东。（图6.52）

40.左右挂花

左脚落地，向左挂剑，摆右脚向右挂剑。（图6.53、图6.54）

图 6.48

图 6.49

图 6.50

图 6.51

图 6.52

图 6.53

6.54

图 6.55

图 6.56

图 6.57

41.青龙滚身

左脚向右脚外盖步，双手先分再合按剑于左下方，剑尖向后，剑随身从左向右滚翻，目视剑尖，向东上右步弓步劈剑。以上两动作要一气呵成。（图6.55~图6.57）

42.蜻蜓点水

活右脚，右手握剑挽花，右手举剑向前点剑，左手由前向左上方亮指，手心向外，同时左脚提起向前绷踢，右腿独立。面向东。（图6.58）

43.紫燕侧翅

左脚向右脚前扣落，右脚向左前绷踢，同时右手握剑平剑从右上向右后斜下刺出，手心向后，左手至左上方，手心向外，目视剑尖。身体成前东南后西北斜向独立。（图6.59、图6.60）

44.游龙沧海

右脚向左脚前扣落，左脚上步，重心在右脚，身体从右向左翻拧，右手握剑随身翻至头前上方，剑尖向左后，左手至右肩前下方，面向西，目视剑尖。动左步、上右步向左拧转，从东北走弧线为半个阴阳鱼至东方。同时左手剑指由

图 6.58

图 6.59

图 6.60

下右肩前随转圆向左指出。面向东。（图6.61、图6.62）

45.金蝉脱壳

摆右脚，扣左脚，右手翻成手心向上，再向左腿外下截按剑。左手扶右腕。（图6.63）

46.天马行空

从东向南、向西走半弧，身体边走边起，右手握剑同样边走边提至西方时，右手升高剑尖向西（至此为阴阳鱼，图6.44~图6.46至此为一阴阳鱼），从右臂下过去再摆扣转一小圈。向西上右步劈剑，左手至左后上方。面向西。（图6.64、图6.65）

47.踏雪寻梅

右手握剑挽花，右剑从右后向右前刺出，手心向外，左手心向上、向前托出。同时踹右脚。（图6.66）

48.金花落地

回身向东，右脚后落，右转身，右剑向右下挂剑，左手在左方。（图6.67）

图 6.61

图 6.62

图 6.63

图 6.64

图 6.65

图 6.66

图 6.67

49.指月观辉

右脚蹬地跳起，右转360度，同时云剑于头前上方，右脚落，左脚上，右脚退，左脚插为歇步。右手向右后斜上方片出。左手至左侧。方向为东偏北。（图6.68）

> **图6.66~图6.68所示为三动作连贯，一气呵成。**
>
> 要点

图 6.68

50.龙飞凤舞

起身，右脚向后摆步，右手从前向右后下挂剑，上扣左步，右手随右转身，剑由右向左肩外劈按。（图6.69、图6.70）

51.夜叉探海

右转身上右步，提左膝，剑随翻转之势向右前下劈剑，高与膝平。左手至左上方，手心向外。面向东北。（图6.71）

52.雄鹰探爪

身体左转，剑经上向左膝外挂勾剑，再将剑挂至右前下方，左脚向西南上步为侧弓步(西南)，剑向右前下方刺出(西偏北)，左手至左侧上方，手心向斜上。面向西。（图6.72、图6.73）

图 6.69

图 6.70

图 6.71

图 6.72

图 6.73

图 6.74

图 6.75

图 6.76

53.白猿摘桃

移左脚，上右步为弓步，剑由脸前从左向右画一斜平弧，往前斩出，手心向上，左手扶右小臂。（图6.74）

图 6.77 背面

54.马上挥鞭

退左脚，收右步为虚步，同时收剑于体右侧，左剑指扶右腕，再上右步向前推出，为平马步，方向偏西北，左手至左侧。（图6.75、图6.76）

55.狮子抱球

右脚摆步，上扣左步面向北，两手各画弧抱于体前，右手握剑在下，手心向上。（图6.77）

图 6.77

56.狮子劈山

再向左移左脚，并右步，右手由腹前向上、向右劈出，左手至侧上方，手心向外。此剑要快。体向北，目视剑。以上两动作要一气呵成。（图6.78）

57.游龙戏水

向西移左步倒右步，剑随身画弧向左平剑刺出，与腹平，左手扶右腕。再重复一至二次。（图6.79）

58.青风穿堂

左转身，上左步，并右步震脚，右剑立剑崩出，左手扶右腕。（图6.80）

59.凤凰点头

右剑向左、向后、向下，再提剑经右上向右后点出，同时提右膝，脚绷出，左手至左前上方，目视剑尖。身向西而面向东北。（图6.81~图6.83）

60.回身取宝

右脚向右后落步，上左步，身体右转将剑收至右肩上，向后(西)平刺出，右脚向东踢出，脚面平，左手向东指出。身仰平衡。（图6.84、图6.85）

图 6.78

图 6.79

图 6.80

图 6.81

图 6.82

图 6.83

61.走马回头

右脚向后落步，身体右转，上扣左步，再上右脚，提左膝为右独立步，右手握剑由头前上云剑后向右斩出，手心向下，左手至左上方，面向南。（图6.86、图6.87）

62.云烟盖顶

左脚向左摆落，上扣右脚，体左转360度，右手于头上方云剑，左手接剑于左侧。（图6.88）

63.收势

右剑指从右向里、向上穿出，身体向南眼看左方，活左步，落右手，并右步，右手绕弧下按至身体右侧，目视前方。（图6.89、图6.90）

图 6.84

图 6.85

图 6.86

图 6.87

图 6.88

图 6.89

图 6.90

第七章 八卦子午鸳鸯钺

一、动作名称

1.预备势
2.起势
3.潜龙翻身
4.青龙出海
5.黄龙探爪(西)
6.青龙滚身
(西东偏南)
7.乌龙缠腰
(前后撑掌)
8.锦鸡撖膀(西)
9.脑后摘盔
10.蜀道横云
11.玉女探花（西南）
12.狮子团球
13.黑虎偷心(西南)
14.海底寻珠(东偏北)
15.螳螂捕蝉(东)
16.青龙转身
17.旋片两门
18.白蛇缠身
19.腊梅吐蕊
20.猿猴托桃
（托天掌）
21.顺势领衣
22.泰山盖顶
（连环三盖钺）
23.脱身化影
24.燕子抄水
25.猿猴蹬枝
26.鹞子翻身
27.雄鹰侧翅
28.左右挂花
29.推窗望月
30.金鸡点头
31.猿猴洗脸
32.乌龙倒取水
33.蝴蝶穿花
34.狮子扑球
35.狮子托球
36.白马掀蹄
37.擢挑劈擂
38.猿猴入洞
39.猿猴出洞
40.猿猴叼绳
41.猿猴扒杆
42.猿猴扑人
43.猿猴搬枝
44.拨云见日
45.猛虎拦路
46.闪电霹雷(西北)
47.猿猴坠枝
48.托枪打虎(南)
49.风卷残云
50.青龙返首
51.乌龙蟠柱
52.狮子转身
53.大鹏展翅
54.白蛇吐信
55.游龙戏水
56.乌龙摆尾
57.天马行空
58.走马回头
59.黑虎出洞
60.狮子抖翎
61.龙飞凤舞
（风轮撩劈钺）
62.狮子翻身
63.狮子回头
64.鹞子入林
65.青龙探爪
66.收势

二、动作图解

1.预备势

并步站立，面向南方，双手握钺，两臂自然下垂于两腿外侧，手心向里，目视前方。（图7.1）

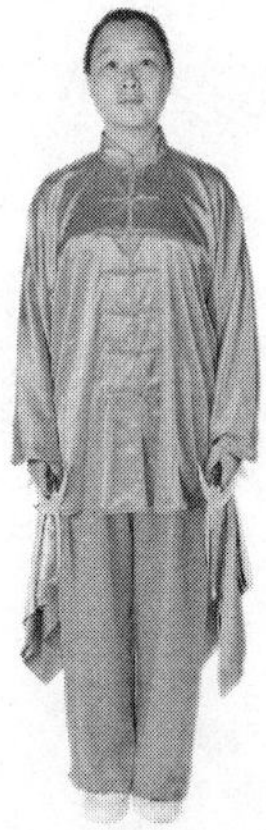

图 7.1

身体自然站立，头项正直，心静体松。

要点

2.起势

（1）左足向左开步，与肩同宽（图7.2），两手握钺向前平举，虎口向前，手心相对，与肩平。（图7.3）

图 7.2

（2）重心左移，左手心向下，右手心向上，两钺向左平摆；不停，重心右移，左手心向上，右手心向下，向右平摆。（图7.4）

松肩沉肘，实腹畅胸，重心移动与平摆钺要同时，目视双钺。

要点

3.潜龙翻身

两钺向右、向上、向左、向下、向右画一大

图 7.3

图 7.4

图 7.5

图 7.6

图 7.7

图 7.8

立圆，同时，右足向右上一步，足尖微扣，右腿屈为右侧弓步，身左侧对圆心，同时右手内旋屈肘下沉，带到身体右侧，手心向下，而左钺随转身之势，带到右胸前，手心向内。目视右前方。（图7.5）

整体动作要大气，上下肢要协调，定势似打虎之像。

要点

4.青龙出海

（1）左足向右足前上步，上身随之左转，左手由右前向左平伸推钺，手心向上，高与肩平，钺对圈心；而右钺随转身之势从右向上、向头前方探出，手心向下，目视左钺。（图7.6）

（2）左足向前移步，右足上步向左沿圈行走一圈。

此势如狮子掌，要有气势，走圈两腿屈膝蹚泥，起平落扣。

要点

5.黄龙探爪（西）

接上动作，走至北方、左足在前时，右足顺圈向前（西）上一大步为弓步，同时右钺下落经右侧向前探出，手心向上，高与肩平；而左钺撑架于头左侧上方，手心向下，目视右钺。（图7.7）

右弓步与右探钺要同时，眼神随动作而变化。

要点

6.青龙滚身（西东偏南）

（1）右足尖内扣，左足尖外展，身体随之左转，左钺经前向下、向左弧形摆至左膝外侧，手

心向内；右钺下落至右膝外侧，手心向前。目视左钺。（图7.8）

（2）不停，摆左足、上右足，足尖内扣，同时身体左转180度（图7.9），两钺随转身上右步之势，向头上方两侧摆举，手心相对。目视两钺。（图7.10）

（3）不停，左足顺右足向后退一大步，足尖微扣。右足随之内扣，同时身体左转180度，两钺随步下落，左钺摆至左膝外侧，手心向内；右钺下落至右膝外侧，手心向内。目视左钺。（图7.11）

图 7.9

图 7.10

图7.8~图7.11所示动作要连贯，一气呵成；两手臂转一个大立圆，目视两钺。

要点

7.乌龙缠腰（前后撑掌）

（1）右足向左足前上一步，足尖内扣，同时身左转，右钺随上右步之势向头右后侧托起，手心向上，而左钺按于右肘下。（图7.12）

（2）不停，左足向右足后倒插步，同时左钺顺势向背后插钺，手心向外，而右手撑于头右前上方，手心向下。（图7.13）

图 7.11

图 7.12

图 7.13

图 7.14

（3）身微右转，左手由左后向胸前撑钺，手心向下，而右钺由右上向右背后插钺，手心向后。（图7.14）

（4）上右步，上左步，向右行步转圆。两手前后撑钺，走阴阳鱼。

左旋右转要走出身法，眼神随转身两钺的变化而看主钺。

要点

8.锦鸡撒膀（西）

图 7.15

接上势右转圆6~8步，右足在前时，左足在右足前上一步为扣步，同时右转身，左腿屈膝下蹲，右足向右出步为仆步；右钺顺右仆步向右穿出，手心反向上，左钺收左腰侧，手心向下。目视右钺。（图7.15）

转身仆步上下肢要相随。

要点

9.脑后摘盔

图 7.16

（1）接上势，重心前移，起身，左足向右足前上步为扣步。同时身右转，左钺于右臂下向前穿出，手心向上。（图7.16）

（2）不停，身继续右转，左钺于脑后向上托起，而右钺随转身之势，收于左肩前，手心向左，目视右前方。（图7.17）

10.蜀道横云

图 7.17

接上势，右足摆步，左足上步。同时身体继续右转，左钺由头后向右盖推钺，手心斜向下，而右钺收于右腹前，手心向上。目视左钺（东）。（图7.18）

步形为龙形步，重心偏后（右），左右手要有争力，盖推钺气势要大。

要点

11.玉女探花（西南）

（1）接上势，左足内扣，右足尖外展，身右转。右钺由右腰向右前撩出，虎口向上。（图7.19）

（2）不停，左足向右足前上步，而左钺随左步向前穿出，虎口向上。目视左钺。（图7.20）。

图 7.18

> **此动作速度要快，动作要敏捷。**
>
> 要点

图 7.19

12.狮子团球

（1）右足向前上步，足尖微扣，同时身微左转，右钺随转身之势向胸前于左钺上穿出，此时，两手钺环抱于胸前，右钺在上，手心向上，左钺在下，手心向下。（图7.21）

（2）不停，两钺都顺时针转圆，变为抱球状，左上右下，两手心相对，同时，左腿提膝为右独立步。（图7.22）

图 7.20

> **此动作要轻灵、圆活，眼注视两钺。**
>
> 要点

13.黑虎偷心（西南）

（1）接上动作，左足向右盖步，右足向右开步，同时，右钺向右上摆挂，左钺扶右胸前，手心向下。（图7.23）

图 7.21

图 7.22

图 7.23

图 7.24

（2）不停，右钺从右上向头前运转摆钺下落，翻手心向内，向后反撩，钺大尖向后；同时，右足向后拖步，左足向后缩步。而左钺由胸前向前下插钺，手心斜向上。（图7.24）

此动作主要是偷心、撩钺，要快速有力，撩钺与拖步要同时，眼先看右钺，后看左钺。势子尽力低。图7.19~图7.24所示动作的行进方向为西南。

要点

图 7.25

14.海底寻珠（东偏北）

接上动作，左钺由前下向上、向前、向右画一大弧，复向左下势穿出，手心反向上，同时，右腿下蹲，左足前移为仆步，右钺收于右腰侧，手心向下。（图7.25）

15.螳螂捕蝉（东）

图 7.26

（1）接上动作，左钺由左下向前运摆，同时重心后移，不停，左足尖外展，重心左移，起身。右足上半步，丁于左足内侧。左钺收至左腹侧，而右钺向前劈钺，手心向左，与眼同高。（图7.26）

（2）不停，上右步，跟左步，同时左手向前扑钺，手心向右，右钺收于右腰，手心向内。（图7.27）

此动作主要是扑钺，动作要干净利落、轻灵稳健、协调完整。

要点

图 7.27

16.青龙转身

（1）接上动作，身体左转，左手钺环抱于胸前，手心向下；右手心向上、向左肘下平穿钺，如叶底藏花。（图7.28）

（2）不停，向右转身，右手由左臂下向前、向上、向右运摆，至右方时，虎口向上，钺对圆

心，而左钺随转身收于右肘下方，手心向内。（图7.29）

（3）右足活步，左足上步，向右转行一周，目视右钺。（图7.30）

17.旋片两门

（1）接上动作，行步走至右足在前时，右钺由右经前、左、上、右向前片出，手心向上。（图7.31）

（2）左足向右足前扣步，右转身，右钺向右挂钺，手心仍向上，高与眼平，目视右钺。（图7.32）

18.白蛇缠身

接上动作，摆右足，右手从右上经右胸前向腋下背后插钺，同时向右转身，左足扣步，左钺随右转身，置于右胸前。（图7.33）

图 7.28

图 7.29

图 7.30

图 7.31

图 7.32

图 7.33

图 7.34

19.腊梅吐蕊

上动作不停，摆右步，扣左步，右钺由背插，由后向前运摆，手心向前，拇指向下于头前上方；左钺顺势向前穿出，手心向上，身后仰，目视左钺。（图7.34）

> **图7.28~图7.34所示动作为连续动作，要一气呵成，拧、翻、滚、钻、俯身、仰身要走出身法来，如龙形和猴象之机灵。**
>
> 要点

图 7.35

20.猿猴托桃（托天掌）

（1）接上动作，右手钺先外旋后内旋，环抱胸前，手心向下。同时，右足向左足前绕上一步，足尖微扣，左足向前上一步。（图7.35）

（2）身体左转，两钺随转身上步之势，向身两侧伸出为托钺，手心向上，略高于肩。左钺对圆心，向左行步转一周。目视左钺。（图7.36）

图 7.36

> **转圈要走蹚泥步，从上势变平托钺可边走边变。**
>
> 要点

21.顺势领衣

（1）接上动作，走至里足（左足）在前时，右足上一步，足尖内扣，面向圆心。同时两钺合抱于腹前，十字交叉。左钺在上，右钺在下，手心均向上（十字搬搂式）。（图7.37）

（2）不停，左足往左上一步，右足跟进半步，同时左钺向左方挂出，高与肩平，而右钺收于右腹前。目视左钺。（图7.38）

图 7.37

> **左手向左挂钺，要以身法惯性向左方摔挂，发劲要松弹。**
>
> 要点

22.泰山盖顶（连环三盖钺）

（1）接上动作，右足向左足前上一步，足尖内扣，同时，右手钺向左臂下穿出，复向右、向后挂钺，身向右后仰。（图7.39）

（2）不停，身左转，右腿独立，左腿提膝，面向西方，右手钺由右后向上托起，手心向前，而左钺收于左腹前，手心向下。（图7.40）

（3）左足向前落步，同时右钺向前盖推钺。（图7.41）

（4）右足上步，左手钺向前盖推钺。（图7.42）

（5）右钺再向前盖推钺，均为横钺，与头同高，目视前手。（图7.43）

独立托钺，身体挺立，要有气势；连环三盖钺，要走立圆，上下对称；盖钺要有劲力。目视主钺。

要点

图 7.38

图 7.39

图 7.40

图 7.41

图 7.42

图 7.43

图 7.44

23.脱身化影

（1）接上动作，左足向左仆步，足尖内扣，身左转，右腿顺势屈蹲。同时左手由腹前随蹲身仆步之势向左、向前画弧绕摆钺，手心仍向上，而右手钺至腹前，手心向上。（图7.44）

（2）不停，起身，上右步，足尖外展，上左步，上右步，走弧形步。同时右手心向上，顺行步之势向左臂下向前穿挂钺，手心向上，在前，高与肩平。左钺置右小臂下，手心向下。（图7.45）

图 7.45

从左往右走弧形步时，两钺随弧形步边走边穿挂钺。

要点

24.燕子抄水

（1）接上动作，上扣左步，同时右手向右后挂钺，复向前画弧。（图7.46）

（2）左腿下蹲，右腿向右仆步下势，同时右钺顺右步穿出，手心反向上，左钺收至腹前，手心向上。目视右钺。（图7.47）

图 7.46

25.猿猴蹬枝

接上动作，起身，摆右步，上左步，上右步站稳。左脚向前上撩踢，高与头平，同时，左钺向前上穿出，高与头平。而右钺撑架于头前上方，手心向前。目视左脚。（图7.48）

图 7.47

图 7.48

图7.46～图7.48所示为连续动作，两钺随步，边走边穿，走直行步，从西向东。

要点

26.鹞子翻身

（1）接上动作，左足向后（西）落步，右足往左足前扣步。（图7.49）

（2）左足向西退步，右足为虚步。同时两臂随翻身上步、退步之势抡劈钺，定势时，右钺劈在右虚步前，身微前倾，左钺撩至左后上方。目视右前方。（图7.50）

> **翻身，在空中转立圆，抡劈钺。**
>
> ☯要点

图 7.49

图 7.50

27.雄鹰侧翅

（1）接上动作，左足向左后跨步闪身，右足收至左足内侧，右钺从前向右下截劈。（图7.51）

（2）右足向右后跨步闪身，左足收至右足内侧，而左钺从前向左下截劈。（图7.52）

> **截劈、跨步闪身要敏捷、灵活，走出身法。**
>
> ☯要点

图 7.51

28.左右挂花

（1）接上动作，上左步，两钺向左摆挂钺。(图7.53)

（2）摆右步，向右摆挂钺。（图7.54）

图 7.52

图 7.53

图 7.54

图 7.55

身要活，步要稳，上下肢要与身相随。

☯要点

29.推窗望月

接上动作，左足往前上一步，足尖内扣，右足向左足后插步，身向左拧转。左手从体前向左上穿靠（左肩靠），而右手从右向左推钺，手心向左，虎口向上，目视右钺。（图7.55）

此动作是下身右拧，上身左拧，靠打，要有身法。

☯要点

图 7.56

30.金鸡点头

（1）向右转身，右足摆步，右手从前随转身之势向右挂钺下压。（图7.56）

（2）左足向前上步，足尖内扣，左手由后过头向前盖钺，为横钺，虎口向右。（图7.57）

（3）两足不动，右手由右向前上探钺，而左钺由上向下落按不停，右钺从上向体前下按，而左钺复向右臂内、向前、向斜下插钺探出，手心斜向上。右钺收至左肘下方，手心向下，拇指向内。同时左腿半屈蹲，右腿提膝，脚面勾于左腿弯处。身微前倾，目视左钺。（图7.58、图7.59）

图 7.57

此动作变化多，要以腰带动四肢，走出身法来。

☯要点

图 7.58

图 7.59

31.猿猴洗脸

（1）接上动作，右足向后落步，左足向后缩为虚步，同时，右肘向右下沉，左钺由前向上摆举，手心向内，高与头平。（图7.60）

（2）退左步，左钺向脸前掩裹，手心向内。（图7.61）

（3）退右步，右钺由下向上、向脸前掩裹，再返左步，左钺向脸前掩裹，眼随手变化。（图7.62）

> **退步掩裹，动作要轻灵，身法要活，眼要有神。**
>
> 要点

图 7.60

图 7.61

32.乌龙倒取水

接上动作，左钺下落，右钺向上、向前画弧，退右步，缩左步，同时右钺下按，左钺上架，手心向下，与头同高。目视左手。（图7.63）

> **退步、缩步与左钺上架要同时，动作小而巧。**
>
> 要点

图 7.62

33.蝴蝶穿花

（1）步不动，左钺下按，右钺向左小臂上、向右穿挂。同时身向右拧转。（图7.64）

图 7.63

图 7.64

图 7.65

图 7.66

（2）右钺向体前下按，左钺由右臂上向左穿挂，同时向左拧转。（图7.65）

腰要活，穿挂要快，目注视两钺。

要点

34.狮子扑球

接上动作，两钺由左向前、向右、向内画弧平抹，同时腰随两钺转动至体前时向前扑出，手心斜向前，与肩平。同时上左步，跟右步。（图7.66、图7.67）

图 7.67

上下肢要协调，要以腰带动四肢，扑钺要有劲力。

要点

35.狮子托球

右转身，扣左足，摆右足，独立站稳。左腿提膝，同时两钺随转身之势，右钺先撩后撑架于头右侧上方，手心向外。左钺随提膝向前伸托，高与胸平。目视左钺。（图7.68）

图 7.68

36.白马掀蹄

（1）接上动作，左足向前落步，右腿提起向前撩踢，同时两臂随势变为左架右撩钺。（图7.69）

图 7.69

图 7.70

图 7.71

（2）动作不停，左足尖向左碾转，右脚向右侧蹬。同时两钺向两侧撑出，手心均向下，身左倾。目视右脚。（图7.70）

图7.68~图7.70所示为连续动作，托球要有气势，右脚先撩后蹬，与左脚尖碾转要一致。身侧平衡要稳。

☯要点

图 7.72

37.擢挑劈擂

（1）接上动作，落右步，左足向右足后插步，同时，左钺从左向右肩前擢出，手心向内，右手向左下插钺，手心向外。（图7.71）

图 7.73

（2）右足向右侧上步为侧弓步，同时，右钺向右挑出，手心斜向上，与肩平，左钺向左削出，手心向下。（图7.72）

（3）右钺复向左下斜劈，手心斜向上，左钺于右小臂上，同时重心移左腿。（图7.73）

（4）身右转，右足外摆，同时，右钺由左向右反背擂劈，手心向上。左钺收左胸前，手心向上。（图7.74）

图 7.74

动作要连贯，上下肢要协调。

☯要点

38.猿猴入洞

接上动作，左臂由左后向上、向前抡摆，右臂由前向右后上摆动。不停，上左步，右足成丁字步收于左足内侧，同时右手由后上向前下栽钺，手心向内，左钺于右胸前，身前倾，半蹲。目视右钺。（图7.75）

图 7.75

39.猿猴出洞

上动作不停，左足蹬地跳起，空中转身180度，左足先落地在后，右足后落地在前，同时左钺随空转向左前探出，虎口向上，右钺收于右前

下方，虎口向上。两臂屈如猴爪。（图7.76）

40.猿猴叼绳

不停，左足向后拖步，右足向后缩步，足尖点地。同时两钺顺势各画一个立圆，回原状。（图7.77）

41.猿猴扒杆

（1）接上动作，右足向前上半步，同时右钺向前弧形探出。

（2）左足向前上步，右钺收回，左钺弧形探出。

（3）左足蹬地，右足跳起，同时两钺随跳步在空中各画个小立圆，左钺收回，右钺探出。（图7.78）

42.猿猴扑人

接上动作，左足落地，右足在左足前落地，两钺向前扑打，左钺在后，右钺在前，虎口向前上，与肩平。目视右钺。（图7.79）

图7.75~图7.79所示五动作为连续动作，要一气呵成，手臂微屈；猴入洞变出洞，两臂动作的变化要在空中完成。猴扒杆、扑人，动作要快。跳步和两钺变化要协调完整，整体动作要有速度，要灵巧、柔活、神气。

要点

图 7.76

图 7.77

图 7.78

图 7.79

图 7.80

43.猿猴搬枝

右足尖外展，身向右拧转，屈膝下蹲为半坐盘。左手心向上，经右臂下穿出，向左前方伸托，手心仍向上，与肩平。而右钺由前经左向右上方托起，于头右侧，手心向外。目视左钺。（图7.80）

> **拧身半坐盘与两手搬托要协调。**
>
> 要点

图 7.81

44.拨云见日

（1）接上动作，起身，右手心向上，左手心向下，左上右下，在体前逆时针平抹两个圈，同时，左足向前（东北）上一步。（图7.81）

（2）右足向左足前上一大步，同时，右钺从右侧向前探出，手心向右，拇指侧在下，左钺于右肩前，手心向右。（图7.82）

图 7.82

> **抹钺与上左步要同时，是一步两圈，动作要柔活，右钺探打要松肩、臂，放长击远，力达钺前端。**
>
> 要点

图 7.83

45.猛虎拦路

（1）接上动作，右足向右前绕步，足尖外展，右钺由前向左臂外往左向上、向右滚臂摔出，手心向上，而左钺由前向下、向右画弧至左方，手心向左，不停。（图7.83）

（2）左足向右足前上步，左钺由左向上、向前画弧，右钺由右前向腹前画弧，此时，两钺左上右下、右里左外，环抱胸前，手心均向下。（图7.84）

（3）右足向前上步，足尖外展，同时右钺由左臂里向上、向右前摔出，手心向上，力在钺

图 7.84

图 7.85

上尖，高与眼平。左钺按于腹前，手心向下，如此，上左步，上右步，两钺交替在胸前画立圆，摔右钺，走弧形步。（图7.85）

右滚臂摔钺与弧形步要协调合拍，行步是东北向南向西北，走几步不拘。两钺在体前交替走立圆。手眼、身法、行步要协调，形神要合一。

要点

46.闪电霹雷（西北）

（1）接上动作，左足在前时，左足蹬地，右足跳起，同时右转身，右钺在空中向前摔出，手心向上，力在钺上尖。左钺从里向上前铲出，手心向下，虎口向右。（图7.86）

图 7.86

（2）右足落地不停，身左转，右足蹬地跳起，左手向体前劈钺，右手由后上向前劈钺，力在钺下尖，同时，两足落地，右前左后。（图7.87）

（3）不停，再向前击步，两手再劈钺，与肩平。目视两钺。（图7.88）

第一个摔拍，在跳步空中完成，第二个跳步时，两臂劈钺与足落地同时完成，要快速有力。

要点

图 7.87

图 7.88

47.猿猴坠枝

接上动作，右钺由前上先内旋后外旋，刁勾带回至体前，同时右足向后撤一大步，身下蹲，左足收于右足内侧为丁步。左臂屈肘，横压，手心向上，于腹前，右钺于左臂里下方。目视左钺。（图7.89）

图 7.89

右钺刁勾回带与右足后撤要同时，左压肘与丁步要同时。

要点

48.托枪打虎（南）

（1）接上动作，左足向左前上步，足尖外展。同时，左钺内旋向左削带，手心向下；右足向左足前上步，足尖内扣，同时右钺向右前屈肘平削横压，手心向上。（图7.90）

图 7.90

（2）重心左移，右足内扣，同时，两手握钺，抱于胸前，右钺在上，手心向下，左钺在下，手心向上。

（3）重心移于右足，并站稳为独立步，左腿提膝，同时，右肘向后顶击，左钺于右臂下向前穿出，手心向上，眼先向后看右肘，后向前看左钺。（图7.91）

图 7.91

此动作为两个肘法：一个是横压肘，一个是后顶肘。顶肘和提膝的一瞬间，眼要有神，动作要干脆利落。

要点

49.风卷残云

（1）接上动作，左足往前方落步，右足向左足前上步，足尖外展。同时，左钺顺左步由前向左、向前云抹，手心向下，而右钺顺势向左臂下向右穿挂，两钺左下右上，手心相对，不停。（图7.92）

图 7.92

图 7.93

（2）左足向前上步，右足向右前上步，左足向右足前上一步为虚步，同时，两钺顺势向头前上逆时针交替云一个平圆后，右钺撑架于头右侧，手心向外，左钺向前砍出，手心向上，与肩平。目视左钺。（图7.93）

此动作路线为，从北、东、西南走弧形步，约走五步，两钺随步边走边穿边云，定势为右架左砍钺。

要点

图 7.94

50.青龙返首

接上动作，左足由前向左上步，足尖微内扣。同时，左钺从前向左横推，手心向下，拇指侧向右，与肩平，而右足微扣，右钺翻手心向下，收于右腹前。目视左钺。（图7.94）

步形为平马步，下盘要稳，左钺横推劲整有力。

要点

图 7.95

51.乌龙蟠柱

（1）接上动作，左足外展，左钺向左上方挂钺，手心向斜上。（图7.95）

（2）上右足，足尖内扣，右钺由后向上过头向前盖钺，为横钺，拇指向左，而左钺带勾于左侧。（图7.96）

（3）不停。右钺按于左腹前仍为横钺，左钺

图 7.96

图 7.97

图 7.98

由左向前上探出，高于头，手心向下，臂微屈。（图7.97）

（4）不停，左足外摆，左钺收回向背后插钺，而右钺收于腹前，手心向下，定势是身左拧为半坐盘势。目视左后方。（图7.98）

图 7.99

挂钺、盖钺、探钺三动作要连贯，坐盘拧身要轻灵、稳健。

要点

52.狮子转身

（1）接上动作，身微起，右足向前扣步，左钺由背后向上拧钻翻钺（由手心反向外翻为手心向后）。（图7.99）

（2）同时，右钺顺左臂向上穿，向右云挂上托头前上方，拇指在前，而左钺收于左腹前，手心向上。（图7.100）

图 7.100

身体左右翻转、滚钻，要以腰带动四肢，走出身法。

要点

53.大鹏展翅

接上动作，左手由腹前向左后拧臂翻钺，向左侧平托钺，而右钺由上顺右肋滚臂、翻钺，向右侧托出，钺对圈心。同时，右足向右前移半步，向右转圆行步约一周，目视右钺。（图7.101）

图 7.101

两手心均向上，与肩平。右钺对圆心，行步要稳，走蹚泥步。

要点

54.白蛇吐信

（1）行步至西方时，摆右足，右钺向右肋内挂，复向上向头前上方云挂至头前上方，手心向前。（图7.102）

图 7.102

（2）左足向前上扣步，左钺经胸前向上斜

穿，手心向上，于头前上方，同时身后仰，看左钺。（图7.103）

右钺向右后插钺要俯身，云至头上方时要仰身，云钺、穿钺和上下肢要协调。

要点

图 7.103

55.游龙戏水

（1）接上动作，右钺不停由头前上方继续云片，复向右向前弧形云抹，手心向下，与胸平；同时，右足经右向前绕上一步，足尖内扣。动作不停，左足顺右足向前上步，左钺向右臂下向前平穿；右足再上一步，左钺继续向前平穿，手心向上。目视左钺。（图7.104）

图 7.104

（2）左足向左前绕上一步，足尖内扣；左钺经左肋向前绕摆，手心向下。右足向左足前上一步，右钺向左臂下穿出，手心向上；左足再上一步，右钺继续穿行。目视右钺。（图7.105）

图 7.105

（3）右足向右前绕上一步，右钺经肋向前绕摆，手心向下；左足向右足上一步，左钺向臂右下穿出，手心向上；右足再上一步，左钺继续前穿。目视右钺。（图7.106）

图 7.106

向左或向右的云抹、穿钺动作都一样，左右而已，定势时都是右足在前，左钺在前；左足在前，右钺在前。平磨钺，手心向下，穿钺手心向上。行步穿钺要走出行如游龙、行云流水之轻灵和柔活之美姿来。行步穿钺的路线是由西向南，东北到东南。

要点

56.乌龙摆尾

（1）接上动作，右足在前时，右足向后（西偏北）退一步；同时，右钺由前向右腋下磨肋，并向后穿挂，手心反向上。

（2）左足向右足后插步，左钺向左腋下磨肋向左穿挂，手心反向上；定势是两手心均向后，与肩平，眼看后手。再重复做1~2次。（图7.107）

图 7.107

退步、插步与左右磨肋穿挂钺要同时，要以腰为轴，带动四肢，全身如游龙翻滚似的摇头摆尾。

☯要点

57.天马行空

（1）接上动作，左足向前上步，足尖外摆，同时左转身，左钺翻手心向上，向里勾挂；右足上步，足尖内扣，同时右钺运摆于头右方，手心向前。（图7.108）

图 7.108

（2）上左步，上右步，向左行步转圆；而左钺随行步边走边向背后插钺，右手由右前上方随行步边走边向左腋下插钺。（图7.109）

图 7.109

58.走马回头

（1）接上动作，左钺随行步向前方（南）拧身滚臂、钻翻至手心向上时，而右钺顺势向左臂下穿出，手心向下。（图7.110）

图 7.110

（2）走至南方时，右足向右摆步，左足向右绕扣一步；同时，两钺随步在头前方向右、向后、向左云抹，至右手托架于头右上方，手心向上，左钺由右肩前向左托出与肩平。向右倒行步迈进约半圆。目视左钺。（图7.111）

图 7.111

> **图7.108~图7.111所示两动作紧相连，先向左行步背插，要走出滚钻劲；后向右倒步、向右行步，换变处要体现出金蝉脱壳之机灵敏捷。**
>
> 要点

59.黑虎出洞

（1）接上动作，向右倒行步，约走半圆，至面向北右足在前时，左足向北上一大步，足尖内扣，向右转身向南，同时右足收于左足内侧，两钺随转身之势收于腹前。目视下方。（图7.112）

图 7.112

（2）右足向前（南）上步，左足跟步；同时，两钺右上、左下、右前、左后立钺向前扑劈。目视前方。（图7.113）

> **转身、回头要猛，发劲要有猛虎之势。**
>
> 要点

60.狮子抖翎

接上动作，左足向后微撤站稳，右腿提膝。同时，右手臂向前抖动发力，手心向上；左钺向后撑出，手心向后。目视前方。（图7.114）

图 7.113

> **此动作是沙国政老师的特有动作，要全身放松才能抖出味道来。**
>
> 要点

61.龙飞凤舞（风轮撩劈钺）

（1）接上动作，左转身，右足内扣；右钺随转身之势下落，不停身继续左转。摆左足，右足向左足前上步内扣；同时，双钺顺转身之势，左前、右后均向左上撩钺。（图7.115）

（2）不停，继续左转身，摆左足，劈左钺；退左步，右钺向前劈出。目视前方。（图7.116）

（3）不停，两手臂从两侧合于胸前，再分别

图 7.114

向两侧劈钺，同时，右足向左足前绕上一步，目视右钺。（图7.117）

两钺与两步要协调，随转身，两钺撩劈要走立圆，动作要连贯、敏捷、大气、神奇，走出好身法来。

要点

62.狮子翻身

接上动作，左转身，左足外摆，左钺向左后背插钺，复向左、向前画弧，右足向左足前扣步，同时右钺从左臂下穿出，复向右前挂钺。（图7.118）

63.狮子回头

接上动作，右钺外挂，托于头右后侧上方不停，右足扣步，头左转。左足向左（南）出步，左钺向左肋顺左腿铲出，手心反向上。（图7.119）

图7.118、图7.119所示两动作为连续动作，翻身要翻出滚钻劲，狮子回头时要有顶劲，与拧身穿钺之劲要整齐合一。

要点

图 7.115

图 7.116

图 7.117

图 7.118

图 7.119

图 7.120

64.鹞子入林

接上动作，左转身，右足向左足前（南）上步，左钺虎口向上，右钺向前穿出，虎口向前。（图7.120）

动作要快，要有猛虎之气魄。

要点

65.青龙探爪

（1）接上动作，右钺向右平削，手心向下；左钺随右钺推到右臂内侧，手心向内为立钺。目视右钺。（图7.121）

图 7.121

（2）不停，右钺从右向内、再向前与左钺同时向前平伸为立钺，虎口向前；同时，右足收为开立步。（图7.122）

66.收势

动作不停，左足向右足并步；同时，两钺收两腿外侧，手心向内，虎口向前。目平视。（图7.123）

图7.121~图7.123所示两动作要连贯，精神要饱满，动作要干净、整齐，目视前方。

要点

图 7.122

图 7.123